MARKETING E VENDAS PARA DENTISTAS

Heloísa Borges

MARKETING E VENDAS PARA DENTISTAS

Estratégias e ferramentas práticas para seu consultório

Presidente
Henrique José Branco Brazão Farinha
Publisher
Eduardo Viegas Meirelles Villela
Editora
Cláudia Elissa Rondelli Ramos
Preparação de texto
Gabriele Fernandes
Revisão
Vitória Doretto
Ariadne Martins
Projeto gráfico de miolo e editoração
Daniele Gama
Capa
Daniele Gama
Impressão
Intergraf

Rua Sergipe, 401 – Cj. 1.310 – Consolação
São Paulo – SP – CEP 01243-906
Telefone: (11) 3562-7814/3562-7815
Site: http://www.editoraevora.com.br
E-mail: contato@editoraevora.com.br

DADOS INTERNACIONAIS PARA CATALOGAÇÃO NA PUBLICAÇÃO (CIP)

B731m

Borges, Heloisa
Marketing e vendas para dentistas / Heloisa Borges. -
São Paulo : Évora, 2015.

200 p. ; 16x 23 cm.

ISBN 978-85-8461-006-8

1. Marketing de serviços odontológicos. 2. Venda.
I. Título.

CDD- 617.600688

JOSÉ CARLOS DOS SANTOS MACEDO – BIBLIOTECÁRIO – CRB7 N. 3575

Dedicatória

Dedico este livro:

A Deus.

Ao meu amado e falecido pai, Luiz, espelho de alegria, equilíbrio e paz.

À minha família de mulheres lindas e poderosas: Yvone, Flavia e Andrea.

Ao meu marido, Carlos Alberto Gomes, por construir ao meu lado nossa linda família, por nos prover e apoiar a minha escolha acadêmica.

Aos meus amados filhos, Lucas, Danilo e Cadu, que me iluminam diariamente e me permitem ser cada dia mais feliz.

Aos muitos amigos que me apoiaram desde sempre, em todos os momentos.

E às minhas mães de alma, Ivone Sanches e Pina Medeiros, por me acolherem, nunca me julgarem e me fazerem acreditar em mim.

Agradecimentos

Várias pessoas tornaram este projeto possível e optei por citar algumas delas e agradecer oficialmente, embora todos que participaram em algum momento da minha vida profissional devam se sentir sinceramente homenageados aqui. Agradeço à Marcela Matos e Daya Lima que me ajudaram a transformar em palavras tudo aquilo que tinha para dizer e ao jornalista Javier Ibanez pela ajuda na versão em espanhol; ao grande amigo George Strozberg que me acolheu e indicou ao doutor Carlos Roberto Squillaci, meu primeiro empregador e incentivador; aos irmãos doutores Tortamano, colegas que me encontraram desmotivada com a profissão e me deram a primeira experiência como gerente de marketing na sua empresa, atendendo o grupo Pão de Açúcar; a David Ledermann e Gilda Rezende que me contrataram na Credicard e apostaram que uma dentista podia ser competente também como executiva de vendas; às escolas Fundação Getúlio Vargas e da Madia Marketing School, responsáveis pela minha formação em marketing e revolução profissional; e ao professor doutor Edgard Crosato, meu querido orientador de mestrado a FO-USP, por acolher com tanto interesse um tema inédito no departamento.

Sumário

Ferramentas de marketing

Visão de marketing

Casos de sucesso: em busca do diferencial de cada um

Introdução

Quando surgiu pela primeira vez a ideia de escrever um livro sobre marketing aplicado à Odontologia, dois aspectos estavam evidentes: em primeiro lugar, o texto deveria ser fácil e imediatamente aplicável; em segundo, embora a missão fosse fazer uma avaliação realista do mercado competitivo, a publicação deveria mostrar um caminho – o do marketing, claro – de esperança para quem estava saindo da faculdade ou estava no mercado há mais tempo, mas insatisfeito. Acho que consegui.

O projeto nasceu aos poucos, dos comentários feitos pelos colegas e da observação do mercado. Fruto, certamente, do olhar mais distanciado de quem tem formação de dentista e migrou para o marketing.

O curioso é que sempre que pensava em dificuldades, lembrava da história de Luciana, uma dentista que adorava clinicar e com ótima qualificação, mas incapaz de gerenciar sua própria carreira. Ela jogou tudo para o alto e foi ser doceira, fazer bolos para seu sustento, e sempre me incomodo pensando em sua trajetória. Seu talento, competência e potencial de sucesso eram evidentes, mas os percalços dos primeiros anos, a baixa remuneração e a falta de crença no desenvolvimento e prosperidade profissional, a fizeram desistir antes de consolidar um futuro promissor. Mesmo com as dificuldades, os investimentos pesados na formação e a concorrência acirrada, ainda é possível encontrar o espaço de cada um e obter retorno na Odontologia.

Sempre digo que com as ferramentas corretas do marketing, esforço, dedicação e um bom posicionamento no mercado, todos os dentistas que se formam hoje, ou os já graduados, podem viver bem e crescer profissionalmente. Há casos reais nos próximos capítulos que comprovam isso e outras experiências que, certamente, surgirão inspiradas na leitura deste livro. A meta é evitar que outras pessoas tomem decisões precipitadas como Luciana e abram mão de uma carreira antes mesmo de conhecerem os potenciais resultados. Em outras palavras, trabalhei neste livro a questão da visão estratégica e como o marketing entra apontando soluções e oportunidades.

A leitura foi estruturada da seguinte forma: no primeiro capítulo, uma análise crítica do mercado; o segundo aborda a questão da conquista do cliente, o chamado esforço de marketing; o terceiro trabalha a fidelidade do cliente a partir da utilização das ferramentas de marketing e o quarto capítulo ficou reservado à rentabilidade – o objetivo final de todo dentista – e o assunto, no caso, é visão de marketing.

Se você quiser conhecer a sustentação científica desse assunto e comprovar que marketing funciona e dá resultado, acesse www.teses.usp.br/heloisaribeiroborges e leia minha tese de mestrado ("Marketing e saúde: 11 P's – avaliação de um protocolo de ferramentas e técnicas de marketing aplicado a consultórios odontológicos"), por meio da qual tive a oportunidade de apresentar e desenvolver um tema inédito, criar um protocolo aplicado a consultórios e medir os resultados em um grupo de colegas dentistas que nunca havia tido contato com o assunto. Para minha satisfação, todos os envolvidos responderam com aumentos de renda após aplicar o protocolo, alguns inclusive de forma surpreendente.

Boa leitura e sucesso profissional para todos!

Histórias interessantes e experiências motivadas pela leitura deste livro serão bem-vindas e podem ser enviadas para o e-mail leitores@ldc-consultoria.com.br .

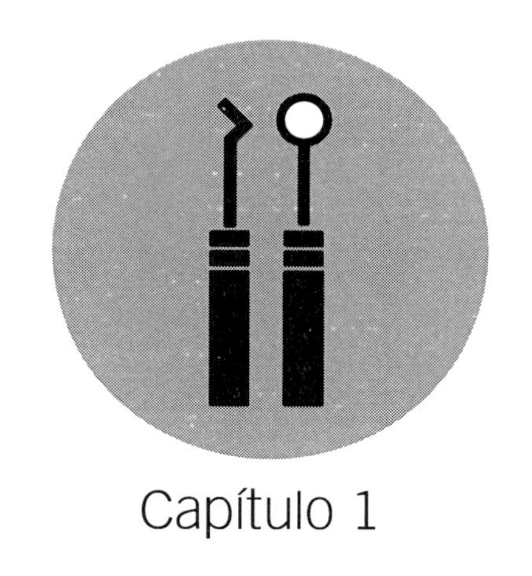

Capítulo 1

Mercado

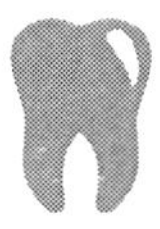

Panorama geral da Odontologia

Nos últimos anos, a Odontologia tem estado em evidência no Brasil não só no campo científico com avanços constantes e profissionalização cada vez maior, mas entre as pessoas comuns, na sociedade. Testemunhamos não somente uma democratização do acesso ao dentista, mas também um aumento da conscientização das pessoas em relação aos cuidados com os dentes, fruto de campanhas vindas dos mais diversos segmentos. Nada disso significa, no entanto, que os problemas de saúde bucal tenham desaparecido.

A profissão de dentista continua sendo de formação cara e com um mercado disputadíssimo. Porém, dificuldade não é sinônimo de porta fechada. Muita gente atravessou as atribulações e vive bem em todos os aspectos.

Em todo Brasil, existem hoje mais de 265 mil dentistas registrados (CFO, 07-2014) e segundo dados do livro *Perfil atual e tendências do cirurgião dentista* (Dental Press Internacional, 2010), estamos falando de um profissional para cada 1 500 habitantes, aproximadamente, em todas as regiões do Brasil (exceto a Sudeste, onde temos uma das mais concorridas relações profissional/habitantes do mundo; em São Paulo chegamos perto de 1 dentista para cada 600 habitantes, assim como na cidade de Montevidéo, no Uruguai). Mas se levarmos em conta os dados nacionais e da Organização Mundial de Saúde (OMS), de 2004, temos números bem próximos da realidade de países desenvolvidos, como é o caso da

Alemanha, com um dentista para cada 1 277 habitantes (dados da OMS de 2003), da França, com 1 para cada 1 503 habitantes (dados de 2004 da OMS) e dos Estados Unidos, com um dentista para cada 1 747 habitantes (dados de 2002 da OMS). Um dado curioso é que cerca de 50% dos dentistas do mundo estão concentrados nas Américas, sendo este o continente com maior força de trabalho na nossa área.

Os grandes centros, é claro, sempre atraem mais profissionais porque oferecem boas oportunidades de formação e ainda concentram enormes contingentes populacionais. São Paulo, por exemplo, é um estado com 645 municípios e abriga um terço do número total de dentistas de todo Brasil. Apenas na capital vivem 10,9 milhões de pessoas e atuam mais de 32 mil dentistas, segundo dados do Conselho Regional de Odontologia. Resultado: há mais dentistas por habitante em metrópoles como São Paulo e muitos estão de olho em uma fatia do mercado muito disputada, que é a da classe mais favorecida.

Mas, no restante do país, a situação permanece equilibrada. Se por um lado temos mais de 29 mil dentistas no estado do Rio de Janeiro, eles somam pouco mais de 3 mil no Rio Grande do Norte, e não passam de 550 em Roraima. Estados mais desenvolvidos do ponto de vista econômico, têm maior concentração desses profissionais. Portanto, podemos afirmar que não há movimentos migratórios interessantes para quem se forma hoje. Não existem eldorados. O Distrito Federal, na década de 1960, e o Tocantins, mais recentemente, eram considerados locais de ótimas oportunidades para começar uma carreira, pois havia carência de profissionais. Hoje predomina a estabilidade. Tocantins, por exemplo, tem 1 763 dentistas e o Distrito Federal, 6 463 profissionais registrados. Os dados são do Conselho Federal de Odontologia de 2014.

DICA:

É interessante ressaltar que abrir um consultório em um lugar onde o profissional tem conhecidos ajuda, os amigos começam a utilizar os serviços, indicam para outros e assim vai. Quase sempre também o dentista recebe pacientes indicados por outros colegas, sejam eles dos tempos de graduação ou mesmo da infância. A rede de contatos, conhecida no marketing como *network*, é sempre um bom ponto de partida, especialmente em começo de carreira. Ao longo dos anos, pode-se dizer que a vida e a carreira de uma pessoa está diretamente relacionada ao *network*. Quem se aventura em novas praças tem que ter um perfil mais agressivo, pois deverá ser mais eficiente em autopromoção, conquista de visibilidade e energia para criar uma carteira de pacientes em um local onde não é conhecido.

Outra informação interessante para os profissionais é que do total de dentistas no Brasil, apenas 15% têm algum tipo de especialização. E destes aproximados 40 mil especialistas, cerca de 11,5% possuem 2 especialidades (CFO, 2008). Os demais são generalistas, o que abre boas perspectivas para aqueles que podem investir em uma formação complementar, como especialização, mestrado, doutorado e, com isso, abrir novos campos de trabalho.

O mérito das campanhas publicitárias através de órgãos oficiais e de empresas comerciais na mídia para promoção e conscientização a respeito dos cuidados com os dentes também ajudaram a tornar a figura do dentista mais próxima e necessária. Em todas as faixas sociais, as pessoas, de uma forma ou de outra, sabem que é preciso cuidar dos dentes, preocupam-se com a saúde, o hálito, alinhamento dentário, a estética. As campanhas se desenvolveram e os resultados apareceram. Se antigamente extrair o dente em caso de dor era algo comum, hoje preservar e recuperar os dentes naturais está cada vez mais consolidado.

O índice de cáries no Brasil sempre registrou níveis bem elevados. Em 1981, a Organização Mundial de Saúde (OMS) declarou que a meta mundial para a saúde bucal até 2000 seria que o DMTF, índice de cáries aos 12 anos, não deveria exceder 3 (relembrando: significa que, ao atingir esta idade, as crianças deveriam ter no máximo três dentes atingidos por cáries). A situação do Brasil veio melhorando ao longo dos anos, em 1986 o índice era de 6,7 para crianças aos 12 anos; em 1994, já havia caído para 4,9 e em 1996, 3,1, estando bem perto da meta proposta pela OMS. Mesmo depois de mais de 20 anos de trabalho, diversos países ainda se encontram acima desta meta, entre eles países do Leste Europeu, Américas do Sul e Central. Os resultados do Projeto SB Brasil 2010[1] indicam que, segundo a classificação adotada pela OMS, o país saiu de uma condição de média prevalência de cárie em 2003 (CPO entre 2,7 e 4,4), para uma condição de baixa prevalência em 2010 (CPO entre 1,2 e 2,6). Dentro da América do Sul, apenas a Venezuela apresenta média de CPO aos 12 anos semelhante à brasileira (2,1). Os demais países possuem médias mais altas, como Argentina (3,4), Colômbia (2,3), Paraguai (2,8), Bolívia (4,7) e Peru (3,7). Esses dados são do Ministério da Saúde e da Associação Brasileira de Cirurgiões-dentistas.

---

[1] Disponível em: <dab.saude.gov.br/CNSB/sbbrasil/> Acesso em: 18 dez. 2014.

CURIOSIDADE

Através do site http://dab.saude.gov.br/cnsb/sbbrasi é possível acessar um levantamento feito pelo Governo Federal. O Projeto SB Brasil 2003 revelou que as crianças do Norte e Nordeste apresentaram maiores números de dentes cariados não tratados. As diferenças ficaram ainda mais evidentes nos municípios menores e entre os adolescentes. O estudo identificou ainda que a perda dentária precoce é um problema gravíssimo, e que jovens entre 15 e 19 anos começam a usar algum tipo de prótese. Na nova edição de 2010, conforme já mencionado, houve cerca de 25% no declínio da tendência de cárie entre estudantes (de até 12 anos), assim como se mostra perceptível uma melhora no índice de edêntulos na população adulta.

A Organização Mundial de Saúde mudou a metodologia utilizada e estabeleceu o ano de 2015 como sendo a data limite para atingir o índice 3 em todo o mundo, ou seja, nossa categoria profissional será responsável por uma grande realização global e está prestes a obter uma grande conquista. E todos nós, profissionais da área, fazemos parte disso, independente de onde estivermos atuando. Por que isso é relevante? Porque a primeira lição do marketing é o posicionamento, você gostar do que faz e sentir orgulho de participar desse universo. Ao criticar publicamente, desmerecer ou debochar da sua profissão, você está fazendo o antimarketing, se desvalorizando e tirando a importância da sua carreira. É como dar um tiro no pé. Muitos colegas estão frustrados e insatisfeitos, mas mudar o olhar, resgatar a autoestima e o orgulho de exercer a odontologia é o primeiro passo para o sucesso. Vamos conversar mais adiante sobre a *personal brand*, isto é, a marca pessoal de cada um, o que fazemos para nos vender como profissionais de saúde bucal e como somos percebidos pela comunidade e colegas enquanto prestadores de serviço. Credibilidade, imagem, postura, entusiasmo, competência. Todo o conjunto faz parte da construção de um bom *produto* (no caso, serviços que oferecemos na qualidade de dentistas), que é um dos principais pilares do marketing.

Entre as causas do desenvolvimento da cárie, a propensão genética é um fator que não cabe interferência, então a conscientização de um novo modelo de dieta, mais saudável e menos cariogênica, aliada à potencialização de medidas preventivas, é o grande desafio do profissional de Odontologia na área de Saúde Pública. Aliás, muitos esquecem que a educação do paciente é uma grande estratégia de marketing: uma maior dedicação à anamnese, ao diagnóstico e exploração dos recursos técnicos de Orientação à Higiene Bucal (OHB) e controle de placa são forte chamariz, em outras palavras, são uma oportunidade de despertar mais interesse e atenção e estimular o paciente a investir mais no cuidado dos dentes quando entra na clínica (na captação, a conquista do interesse é uma etapa da técnica de vendas).

A professora de Saúde Pública e Serviço Comunitário Carole Palmer, da Universidade de Medicina Dental Trufts, publicou recentemente no *Nutrition Today Journal* um artigo explorando os mitos sobre a quantidade de ingestão de açúcar e incidência de cáries, mostrando que o maior risco está associado ao padrão de ingestão e frequência, e não à quantidade de açúcar ingerida. Apesar do levantamento da OMS mostrar que o brasileiro consome cerca de 53 quilos de açúcar por ano e parecer muito, os membros do CCE, em média, consomem expressivos 60 quilos. Por outro lado, no Japão e Paraguai, a média é de 18,8 quilos. Obviamente o consumo e manifestação de cárie está relacionado aos hábitos alimentares, culturais e preventivos de cada povo. Na China, por exemplo, o consumo é de 7,6 quilos de açúcar por ano e DMTF menor que 1 (dados de 1996), bem abaixo da meta da Organização Mundial de Saúde. Interessante notar que nesses países a busca por substitutos do açúcar aumentou muito nas últimas décadas em função da economia e do alto custo de importação. Novamente, qual a relevância de saber desses dados? Precisamos pensar que junto com serviços estéticos, reabilitações complexas, cirurgias reconstrutoras e todos os tratamentos que somos treinados a realizar com primor, há também um papel muito importante em educação e formação de opinião (influenciadores são chamados *stakeholders*) nas pessoas. Então o marketing também nos mostra como é importante desenvolver a confiança do paciente nessa busca por resultados cada vez mais positivos, e para gerar confiança e credibilidade é preciso ter conhecimento, estudar e estar a par das informações. Vivemos em um cenário em que os pacientes têm acesso instantâneo a novidades pela internet, lançamentos de novos materiais e todo tipo de tratamento odontológico, pois o "doutor Google" mostra tudo a todos. Assim, estar atualizado, ter conhecimento e embasamento para criticar e contra-argumentar com o paciente que chega ao consultório com informações superficiais e muitas vezes distorcidas é fundamental.

CURIOSIDADE

O processo de fluoretação da água para consumo humano teve início em 1945 na cidade de Grand Rapids, EUA, seguidas de Newburg, EUA, e Brandford, Canadá. Após oito anos, foram divulgados os estudos referentes ao resultado da ação, que concluíram que a presença de flúor na água, em proporções adequadas, não provocava malefício algum para a saúde geral, pelo contrário, proporcionava ótimo nível de redução de dentes atacados pela cárie. No Brasil, a fluoretação das águas de abastecimento público começou a ser feita em 1953, no município de Baixo Guandu (ES), que apresentava elevados níveis de incidência de cáries. Desde 1974, a legislação brasileira determina que todo o projeto de ampliação ou construção de sistema público de água deva levar em conta a fluoretação da água. Em 2004 o procedimento foi utilizado por 71% da população, apesar de em todo país menos da metade das pessoas (cerca de 90 milhões) contar com água fluoretada em suas torneiras.

De acordo com o governo federal, em 17 de março de 2004 apenas 3,3% dos atendimentos odontológicos feito no SUS correspondiam a tratamentos especializados. A quase totalidade era de procedimentos mais simples, como extração dentária, restauração, pequenas cirurgias e aplicação de flúor. Um dos objetivos do Programa de Saúde da Família (PSF) será incluir cirurgiões-dentistas nas equipes já compostas por médico, enfermeiro, auxiliar de enfermagem e agentes comunitários de saúde. Ótima notícia para quem está de olho em um emprego público para fazer carreira ou quer uma base financeira mais sólida enquanto investe na formação complementar. E é bom ficar de olho nas condições de contratação. O dentista pode se candidatar a cargos em todas as esferas públicas: federal, estadual e municipal e já existe uma forte estrutura de escolas especializadas na preparação para concursos, tanto presenciais (principalmente em cidades maiores) como cursos on-line (excelente opção para quem mora em cidades menores e centros afastados).

Nos últimos 8 anos, o PSF e o programa Brasil Sorridente têm sido alguns dos maiores empregadores de dentistas, segundo dados do Ministério da Saúde. O salário médio de um dentista no Programa de Saúde da Família em 2013 era de 3,2 mil reais por 4 horas, mesmo assim esse valor representa cerca de 40% dos salários de médicos do mesmo programa, uma discrepância que tem sido contestada por sindicatos de Odontologia e conselhos regionais em todo o país.

Em algumas cidades, como Fortaleza, o salário do cirurgião-dentista evoluiu significativamente. Em 4 anos, a remuneração recebida por este profissional subiu de R$ 4.243,02 para R$ 6.115,06, o que já é uma grande vitória para a categoria. Só em Fortaleza, nos últimos anos, 265 cirurgiões-dentistas foram contratados para o PSF.

Análise PEST

A chegada dos planos odontológicos a partir de 1990 e em franco crescimento nos últimos anos mudou o cenário da Odontologia Clínica aplicada até então, mas também abriu as portas dos consultórios dentários para uma população que não tinha acesso. Se no princípio houve desconfiança e tais planos não ganharam a aprovação dos dentistas devido aos valores baixos pagos aos profissionais, a situação só vem piorando, pois muitas operadoras atuam de forma desrespeitosa, pagando cada vez menos pelos procedimentos e ainda por cima atuando com políticas de glosa indiscriminada para ganhar tempo e aumentar seu fluxo de caixa. Contudo, com talento comercial e visão empreendedora apurada, muitos dentistas estão descobrindo que se trabalharem estrategicamente, podem tornar o paciente do plano odontológico muito mais interessante do ponto de vista da rentabilidade, oferecendo outros serviços não cobertos ou deixando-os tão satisfeitos e fiéis (mantendo a preferência mesmo se forem desligados do plano), e podendo também trazer outros pacientes por indicação. É preciso ter visão, conhecer um pouco de marketing, dos recursos aplicáveis à carreira odontológica e fazer uma análise do mercado, o que aqui chamaremos de PEST (iniciais de Análise Política (P), Economia (E), Sociedade (S) e Tecnologia (T)).

Não é possível pensar em qualquer negócio sem levar em conta o momento vivido pelo país. Basta lembrar, por exemplo, que na década de 1980 e início dos anos 1990, todos os procedimentos eram calculados em dólar e tinham variação diária para o paciente. Vivíamos a hiperinflação com índices mensais de 20% a 30%. Isso é o impacto de análise econômica (E).

A estabilidade econômica trouxe vantagens para o país e, consequentemente, para todos nós, e a maior conquista foi a possibilidade de planejar investimentos e poder parcelar os serviços realizados para os pacientes sem perder dinheiro. Quem se forma hoje, ou um dentista que planeja fazer um investimento na profissão, precisa ficar atento à situação política e econômica do Brasil e tentar minimizar os riscos e aproveitar as correntes positivas.

No campo social, seguindo o "S" da análise PEST, temos que analisar o impacto dos valores culturais e hábitos do público-alvo que se pretende atender, investigar o quão importante é para aquele grupo cuidar, recuperar ou mesmo investir em estética. Diferentes ambientes evidenciam diferentes valores sociais. Um olhar um pouco mais aprofundado vai ajudar a compreender as diferenças sociais e a importância de saber transitar bem entre as classes. Qualquer um pode se sair muito bem desde que entenda e tenha sensibilidade para interagir com cada segmento da sociedade e acolha os comportamentos locais. Tomemos como exemplo um dentista de origem rica e hábitos extravagantes. Ao optar por atender na periferia de uma cidade grande, certamente será mais adequado agir com discrição, vestimentas mais simples e ser afável, criar o hábito de cumprimentar as pessoas no bairro para criar empatia. O doutor será visto como uma pessoa acessível, e isso conta muito para pessoas mais simples. Um outro exemplo é o do dentista que tem competência técnica mas não tem um fácil relacionamento interpessoal, não entende as nuances e hábitos locais da comunidade em que resolve se inserir. Alguns grupos e comunidades religiosas não aceitam intimidades e nenhum tipo de contato físico com mulheres, então um abraço afetuoso pode ser interpretado como desrespeitoso e ofensivo. Adolescentes costumam ser indisciplinados, mas dependendo do tom ríspido usado pelo profissional, os pais podem achar que seus filhos foram mal tratados, então é preciso ter habilidade e estar sempre atento.

Concluindo, devemos analisar as variáveis e os valores locais na hora de planejar e montar a estratégia.

Diferenças de faixa etária também precisam ser analisadas. Vivemos hoje com várias gerações de profissionais atuantes (e pacientes) que têm características próprias: os Baby Boomers, X, Y, Z... Todo grupo tem posicionamentos bem diferentes. Lidar com cada um deles e atender às suas diferentes expectativas exige estudo, talento e habilidade. Análise social também é isso, conhecer e entender para depois ser capaz de transitar com desenvoltura e respeito em todas as esferas da sociedade.

O "T" de tecnologia também exige uma avaliação, no que diz respeito aos recursos disponíveis no mercado e às necessidades do negócio em questão, seja um pequeno consultório ou uma moderna clínica especializada. É muito importante que a tecnologia seja usada a favor do dentista, na rotina diária. Para alguns especialistas, como por exemplo os endodontistas, o uso de um microscópio e de um raio X digital pode ajudar muito na qualidade e agilidade, mas é preciso ter pacientes em volume suficiente ou poder de compra para poder repassar esse investimento e ele se tornar viável economicamente. Então um bom estudo vai revelar que equipamentos são necessários para o tipo de empreendimento montado e como tirar proveito de todos os recursos. Nesta área, é bom ter cuidado com os exageros e contar sempre com a ajuda de especialistas. Ao mesmo tempo, a competitividade feroz e a globalização proporcionam acesso a recursos mais sofisticados e os pacientes estão cada vez mais atentos a isso. O mundo está nos *chips*, *tablets*, na web. As redes sociais são uma realidade e quem não se adaptar ou entender a força da mídia digital, vai perder uma grande aliada.

CURIOSIDADE

O marketing moderno surgiu como uma ferramenta importante no reaquecimento da economia do pós-guerra por volta de 1950, com Peter Druck e Phillip Kotler, mostrando ao mercado que uma empresa ou qualquer negócio só pode ser bem-sucedido se todas as pessoas envolvidas estiverem, de alguma forma, comprometidas com o marketing. Isso porque esta é a ciência que está diretamente ligada ao ciclo de vendas; envolve desde a concepção de uma marca e desenvolvimento de seu produto e embalagem, à divulgação e promoção em massa e o esforço final de efetiva venda.

O que vimos até agora fica do lado de fora do consultório, mas, quando entramos no ambiente de trabalho do dentista, passam a fazer parte deste mesmo processo de vendas a disposição dos móveis, o equipamento, os recursos disponíveis, a aparência do profissional, o ambiente, a higiene, a biossegurança, a credibilidade e a percepção de valor dada ao paciente. Tópicos que serão trabalhados ao longo dos próximos capítulos, visando sempre a conquista do cliente, a fidelização e, na sequência, o aumento da rentabilidade.

Campos de trabalho

Ao falarmos de mercado, é preciso estar atento também aos diversos campos de atuação disponíveis, cada um com suas próprias características que os tornam mais indicados para um determinado perfil de profissional. Fazer o casamento perfeito entre campo de trabalho e personalidade é o primeiro passo para acertar na carreira.

Consultórios

Para aqueles que sonham em trabalhar em seus próprios consultórios particulares, alguns fatores precisam ser levados em consideração. Em primeiro lugar, deve-se estabelecer qual é o tipo de consultório desejado ou possível, qual a capacidade de investimento e risco de cada um, quais os modelos de negócio almejados. Os consultórios tradicionais de alto luxo com profissionais renomados podem ser o sonho de consumo da maioria dos jovens recém-formados e aparentam ser os mais rentáveis, mas isso nem sempre corresponde à verdade, pois o investimento, a gestão dos custos e o retorno sobre o investimento é que vão apontar a lucratividade de cada clínica e do negócio. Atualmente os profissionais já abriram os olhos para outras alternativas, tais como os consultórios localizados em bairros nobres, mas com estrutura mais funcional que luxuosa; e os consultórios bem estruturados situados em bairros de classe média, ou ainda os de bairros mais afastados e na periferia, voltados para as classes sociais C e D com uma proposta de odontologia honesta e competente em um ambiente mais espartano. Em todos os níveis sociais, as pessoas buscam tratamento dentário. Definido o perfil, é hora então de tornar realidade o projeto de trabalhar em um consultório e isso pode se dar através da abertura de um consultório próprio, particular e individual, o que requer investimento e, claro, representa um risco. Ou partir para a locação de um consultório, pelo menos em um momento inicial, até que a clientela esteja formada. Nestes casos, a locação pode ser por períodos, o que reduz os gastos e os riscos, porém há restrições no tempo de atendimento. Uma boa dica para quem ainda está na faculdade e quer seguir este caminho, pode ser se tornar estagiário ou assistente de um profissional renomado ou mais experiente, isso ajuda a conhecer melhor o gerenciamento de um consultório e obviamente valoriza o currículo. Eventualmente pode surgir a oportunidade de começar a atender pacientes na própria clínica. O perfil ideal, para trabalhar em consultório, é de alguém com capacidade de investimento, de tempo e recursos, além, é claro, de possuir disponibilidade de aguardar o retorno, nem sempre tão rápido. O perfil empreendedor e a visão de negócio podem ser determinantes nesta opção.

Clínicas

Existem sob diversas modalidades, cada qual com suas vantagens e desvantagens. A escolha consciente ainda é o melhor caminho. Existem clínicas odontológicas que chamamos de compartilhadas, nas quais os profissionais são independentes e se juntam para minimizar as despesas.

Tudo é rateado, por isso pode-se investir mais dinheiro em um espaço imponente, com boa decoração e uma equipe de secretárias.

Temos ainda as clínicas especializadas, onde todos os profissionais atuam em um único nicho (uma clínica ortodôntica seria um bom exemplo), e as clínicas multidisciplinares, onde são encontrados profissionais de diferentes especialidades da Odontologia. Esta última opção é positiva para o paciente, pois pode oferecer comodidade e a solução completa de suas necessidades odontológicas, e também para os profissionais, já que recebem e indicam pacientes aos colegas da clínica. Quase sempre não há vínculo entre os profissionais nestas clínicas, apenas a intenção de cooperação.

O que existe no mercado também são as chamadas clínicas integradas, em que há uma orientação geral para os planos de tratamento, um modelo de gestão, que direciona desde o exame até o planejamento do tratamento como uma coisa única, mesmo que vários especialistas sejam envolvidos.

Não podemos deixar de mencionar as clínicas conveniadas, aquelas que integram a rede de atendimento dos convênios odontológicos com exclusividade ou em um sistema misto com atendimento também de pacientes particulares. Como nos consultórios, a localização da clínica e o perfil do paciente desejado também serão determinantes para o retorno do investimento.

Existem ainda clínicas de odontologia voltadas para perícias e auditorias. Enfim, há muitas opções disponíveis, o importante é ver qual se revela a mais adequada. É importante observar que o modelo do único profissional isolado num consultório tende a diminuir muito e as clínicas são boas alternativas para quem não gosta de tal isolamento, mas tem perfil empreendedor e almeja crescer.

Recentemente vem surgindo uma nova ideia de rede cooperada, onde profissionais se unem para compartilhar uma marca única e administração conjunta, padronizando os processos e focando no mesmo público-alvo. É uma alternativa intermediária entre o consultório tradicional e a clínica. O profissional pode permanecer atendendo sozinho, só que passa a fazer parte de uma marca mais forte ou conhecida pelo esforço de divulgação e promoção conjunto, atuando como uma unidade de bairro da cooperativa.

CURIOSIDADE

Os planos odontológicos surgiram há 30 anos diante de uma incoerência mercadológica: havia de um lado uma população carente de serviços odontológicos e de outro uma legião de dentistas necessitando ampliar a carteira de pacientes. A ideia era equacionar a questão econômica, atraindo as empresas para o pagamento de uma quantia relativamente pequena por pessoa, o que custearia os tratamentos necessários. Era uma tentativa de democratizar o acesso e ainda estimular a indústria e o comércio de produtos odontológicos. No início foram desvalorizados, mas agora, desde a regulamentação pela Agência Nacional de Saúde, em 1998, os planos odontológicos estão experimentando um crescimento e uma valorização. De acordo com o Sinog (Sindicato Nacional das Empresas de Odontologia de Grupo), 60% dos dentistas atendem pacientes de convênio e, entre estes profissionais, 40% da receita do consultório vêm por meio desses convênios. Outro dado interessante é que, entre os pacientes particulares destes profissionais, 30% são resultado de indicações de pacientes atendidos por convênio. Resistência por parte dos dentistas existe, mas os planos vêm crescendo e a tendência é que a demanda só aumente. Se o "mal" é necessário, melhor parar de reclamar e aprender a ganhar com essa parceria.

Empresas

Trabalhar como funcionário de empresa é a situação ideal para aqueles profissionais que precisam de segurança, não têm perfil administrativo e gostam de planejamento e estabilidade. Quase sempre contratados em regime CLT, recebem salário fixo, 13° salário, férias, FGTS e todos os demais direitos assegurados pela lei. Por outro lado, são submetidos à pressão, sofrem o risco de demissão e precisam estar em sintonia com a empresa e com a chefia para garantir o emprego. Dentistas contratados por empresas podem exercer diversas funções: em clínicas fazendo atendimento ambulatorial ou perícia, auditorias, pesquisas científicas em laboratórios e multinacionais, além de haver muitas oportunidades administrativas, como se tornar executivo de empresas no segmento odontologócio, por exemplo.

O salário é calculado a partir do piso salarial da categoria, embora algumas empresas trabalhem também com profissionais terceirizados e contratados fora do regime da CLT, através de cooperativas ou contrato de prestação de serviço autônomo. São vantagens e desvantagens que precisam ser analisadas com calma na hora de aceitar um novo emprego. O bom é que um emprego garante certa estabilidade, sonhada no começo de carreira, capaz de garantir o pagamento de todas as despesas, e torna a vida mais fácil para quem não tem muito espírito empreendedor. Em contrapartida, limita os ganhos e até o crescimento profissional, dependendo da empresa.

Serviço público

Este costuma ser o sonho de muita gente, especialmente no Brasil onde o emprego público ainda é visto como sinônimo de bom salário e pouco trabalho. Nem sempre é assim, mas há boas opções na área, em prefeituras, na Marinha, no Exército, na Polícia Militar e no chamado "sistema S" – Senac, Sesc, Senai e outros.

Quem ingressa em uma carreira pública tem estabilidade, plano de carreira, que permite crescimento ao longo dos anos, e uma carga horária definida. As dificuldades: o concurso público, os critérios de seleção e, em muitos casos, a estagnação profissional. A renda também pode variar em função de políticas econômicas, há uns 20 anos era bem atraente a carreira no serviço público, depois houve um vale de desinteresse e novamente estamos vivenciando a *onda* dos concursos, com muitas oportunidades em todas as esferas (municipais, estaduais e federais). Aqueles que optarem pelo concurso podem contar com iniciativas de empresas especializadas em preparar os candidatos ajudando na revisão do conteúdo programático e testes simulados. Nas capitais já existem muitas escolas desenvolvendo conteúdo específico e se você mora em locais mais afastados, pode usar o modelo de curso on-line, que vem crescendo a cada dia com novos adeptos e funcionando muito bem para quem tem disciplina e consegue se organizar.

Carreira acadêmica

Cada vez mais a carreira acadêmica tem sido vista como uma boa forma de complementar a renda, ganhar visibilidade no mercado e garantir a atualização profissional. Mas é preciso ter vocação, aptidão para lecionar, disponibilidade para pesquisar, gostar de interagir com os alunos e investir nesta direção. Fazer especialização ou programas de pós-graduação voltados para a carreira acadêmica, como mestrado e doutorado, requer investimento de tempo e de dinheiro, para depois aguardar uma oportunidade para a recuperação do capital – o que pode demorar. Quem dá aulas tem como vantagem, por exemplo, o renome e a rede de relacionamentos criada. Do outro lado da balança, obviamente, temos que colocar o tempo de estudo e de preparação de aulas, além da remuneração nem sempre convidativa. Apesar disso, ser professor ainda é uma das melhores alternativas para quem busca um emprego na Odontologia e, dependendo da instituição, há a possibilidade de se obter salários maiores ou menores.

Além de poder oferecer cursos de extensão e aperfeiçoamento, outra resultante direta de uma vitoriosa vida acadêmica são os recorrentes convites para dar palestras, participar de eventos ou congressos em outras universidades e/ou empresas, possibilitando conhecer novos lugares e ter remuneração extra.

Carreira científica

A pesquisa científica está nos planos de alguns profissionais da Odontologia e pode ser desenvolvida na vida acadêmica dentro das universidades, nas empresas, para desenvolvimento da produção científica, ou na acreditação de um novo produto a ser lançado pela indústria.

Entre as vantagens estão a possibilidade de realização profissional, a descoberta de novas técnicas e drogas, participar de seminários, escrever livros e artigos, ou seja, se tornar um profissional de destaque nacional ou até mundial.

Como desvantagens, não podemos deixar de falar da dedicação exclusiva que a carreira requer e o afastamento da vida clínica, o que pode ser limitador, e, muitas vezes, da incoerência entre a remuneração e as competências exigidas. Há ainda a questão do vínculo que se cria com a empresa empregadora, no caso de indústria (que sempre terá interesses comerciais). Para os pesquisadores independentes, existem diversas bolsas oferecidas por órgãos de fomento para viabilizar os estudos (CNPq, Fapesp, Capes, etc.) e a possibilidade de permanecer pesquisando no Brasil ou ir ao exterior.

Consultor comercial

As empresas comerciais de produtos odontológicos vêm investindo muito para capacitar suas equipes de divulgação, vendas e promoção com profissionais da área, visando melhorar seu padrão técnico de atendimento. Assim, muitos consultores de venda, receptivos de *call center* e demonstradores são estudantes ou jovens profissionais dentistas. A grande vantagem é uma jornada de trabalho em horário mais flexível e possibilidades de compor a renda de acordo com seus interesses (mais afinco, maior remuneração).

Empresários

Dentre as inúmeras possibilidades, vem ganhando destaque a parcela de profissionais voltada para negócios dos ramos médico e odontológico; são profissionais dotados de grande capacidade empreendedora, liderança e tino comercial, que optam por atender aos colegas com oferta de serviços ou produtos específicos para o setor, ou investir em franquias odontológicas, atuando como gestores e responsáveis técnicos da sua unidade. Grandes empresas do mercado hoje foram iniciadas por profissionais dentistas atuantes, mas que viram oportunidades além do seu consultório e tornaram-se grandes empresários do setor à frente de marcas como Driller, Odontoprev (transformada em Rede UNNA), CETAO, Sorridents e Metalúrgica Fava. Se você tem uma grande ideia e perfil empreendedor, leia com atenção no último capítulo a saga e as estratégias usadas por alguns desses vencedores e profissionais renomados para construir seus impérios a partir do zero, conheça essas histórias e inspire-se!

EXERCÍCIO	*TAREFA*
GRADUAÇÃO	Generalista x Especialista → Vai investir?
PERFIL	Unicidade x Variedade → Dois empregos?
ROTINA	Exclusividade x Empreendedorismo→ Negócio?
OBJETIVO	Renda atual x Renda futura → Planejar futuro
META IMEDIATA	O que pretende fazer nos próximos meses? E o que quer conquistar nos próximos 2-3 anos?
COMO...	Como vai atuar e agir...

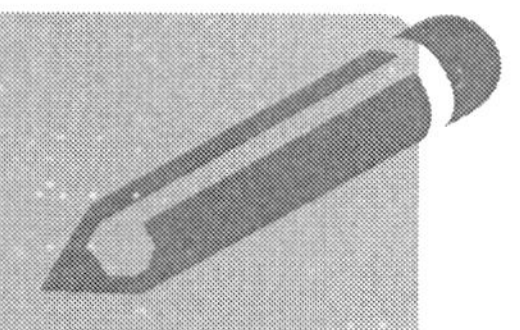

EXERCÍCIO

Responda às questões a seguir.

Mercado de trabalho: Defina ONDE e COMO pretende atuar de acordo com o seu perfil e objetivos de trabalho. Relacione seus serviços e como pretende fazer a composição de sua renda. Coloque esses dados em um plano de carreira.

Análise PEST: Faça um levantamento do cenário PEST em sua região de trabalho e veja onde deve atuar para se proteger ou investir. O cenário político impacta na sua escolha profissional? A economia permite o financiamento e o investimento a longo prazo? Quais recursos técnicos e inovadores você dispõe e está determinado a investir?

Planejamento: Levante dados e informações. Onde você deve fazer mudanças e ajustes para aproveitar o conhecimento do mercado e potencializar as oportunidades de trabalho?

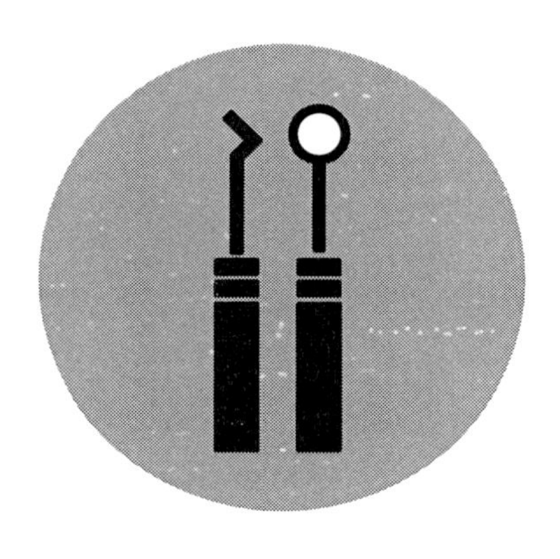

Capítulo 2

Mix de marketing

A conquista do cliente

A regra número 1 do marketing diz que o objetivo é sempre conquistar o cliente. Mas "como fazer isso?" é a pergunta que todos querem ver respondida. Conforme escrevi em um artigo recente para o *Cetao News*, venho acompanhando as notícias sobre a crise da Odontologia, os conflitos de interesse e as brigas entre as empresas de grupo, sindicatos e conselhos. A fusão dos grupos Odontoprev, Bradesco Dental, Privian, Odonto Serv, Sepao, Protodente e Dental Corp na Rede UNNA trouxe à tona a frágil posição dos colegas profissionais conveniados, agora mais reféns ainda do volume de pacientes gerado pela parceria com os convênios, e a dura realidade do atual *monopólio* que, uma vez detentor de mais de 45% do mercado, ganha poder de negociação a ponto de reduzir em 80% o preço de um procedimento e ainda obter 80% de adesão na renovação dos mesmos colegas. Tudo isso à custa de muita indignação, protestos e intervenção ostensiva das entidades de classes. Durante a entrevista, uma jornalista me perguntou: "Mas, professora, como os dentistas podem captar novos pacientes e se livrar da relação opressora junto aos convênios?" Políticas à parte, a resposta que me vem é investir no relacionamento.

Através do relacionamento, você poderá captar mais e melhores pacientes, ou ainda vender mais serviços aos pacientes antigos (revenda). Quanto mais eficiente for sua habilidade e capacidade de manter um bom relacionamento, maior será seu potencial de vendas, ou captação de novos pacientes, ou de converter os atuais conveniados em particulares. Vamos entender: o relacionamento envolve quatro pilares básicos, são eles o marketing pessoal, profissional, operacional e, por último, o marketing social.

O **marketing pessoal**, em resumo, é a capacidade de se vender como um profissional diferenciado e competente, criando uma imagem sempre positiva. Cuidados com a aparência, os locais que frequenta, atualização em cursos e investimentos constantes são vitais para a construção da imagem profissional. As pessoas da própria família são importantes formadoras de opinião, então é fundamental que saibam o que você faz, o que estuda e do que gosta, para passar adiante estas informações com orgulho e a garantia de ser uma indicação consistente.

Cada hábito e atitude pessoal muda a percepção de qualidade do profissional. Dentista fumante, irresponsável, desorganizado, mal-arrumado e com os dentes tortos ainda existe, acredite! Agora, quanto mais o paciente acreditar e confiar em você, maiores as chances de fazer revendas ou vendas cruzadas, mostrando novidades e alternativas para ele e, assim, gerar mais lucro para a clínica.

O **marketing profissional** demanda integração. Aproxime-se dos colegas para trocar ideias. Este é o melhor caminho, depois da indicação do próprio paciente, para conseguir novos clientes. Muitos profissionais que estão estabelecidos em prédios não saem do consultório, não conhecem os outros colegas; ali pertinho pode estar um grande parceiro, um dentista mais antigo em vias de se aposentar e que queira um apoio; um jovem recém-formado que precisa de estágio para ganhar experiência, um colega solitário que de início vem discutir casos clínicos e depois compartilha procedimentos, cirurgias (e honorários). Aos poucos, vão surgindo oportunidades de indicações. Tenho um amigo que, solidário, se propôs a acompanhar uma colega em atendimentos domiciliares para pacientes especiais. Gostou e direcionou sua especialidade para esse modelo e nicho de pacientes; hoje, mais de 50% de sua renda mensal está nessa parceria.

Parcerias com empresas também são uma ótima forma de captação; ofereça um desconto na tabela para funcionários das empresas próximas, como um convênio direto. Simples, sem burocracia e sem intermediários. Funciona.

No **marketing operacional**, a habilidade do profissional como gestor de pessoas é colocada à prova. Estatisticamente, sabe-se que uma parcela dos pacientes de convênio tem potencial para procedimentos não cobertos. Outros, inclusive, quando mudam de empresa e perdem o benefício mantêm o dentista ainda que particular. Por quê? Conquistados pelo relacionamento, atendimento impecável e relação custo/benefício extrema, boas estratégias comerciais, meios de pagamento (em cartões, boletos, parcerias com financeiras etc.), acreditam que vale a pena pagar para ter o melhor.

Na operação interna ou no atendimento operacional, o relacionamento responde por até 80% do sucesso do seu negócio e, portanto, pode sabotar suas vendas. Como? Se você não sabe cultivar um relacionamento interno, com um ambiente harmonioso e comprometido entre sua equipe, por exemplo, quando surgir a oportunidade de agendar uma consulta, sua secretária pode estar ocupada, desinteressada, desmotivada ou irritada com você e, assim, não colaborar. Quem é responsável pelo primeiro contato, pelos esclarecimentos e captação do paciente? Ela, a auxiliar, a recepcionista, o manobrista, ou seja, sua equipe operacional. Eles são seus principais vendedores, então, valorize-os, invista em treinamentos, ofereça cursos profissionalizantes e de extensão, interaja mais com eles e, principalmente, reconheça o esforço em ajudá-lo na conquista de novos pacientes. Compartilhar o sucesso e o lucro (bonificar, dividir seus ganhos) é a chave de uma equipe motivada e parceira.

Embora os vendedores natos tenham habilidade natural de captar novos pacientes, todos nós somos capazes de desenvolver um relacionamento melhor, com mais afabilidade, mais disposição para ouvir, participar e estar entre pessoas de forma mais intensa e compartilhada. Resumindo, mostre um sorriso no elevador, na padaria, no shopping. Seja simpático, vá buscar o filho na escola e desça do carro para cumprimentar os professores, tome aquele cafezinho com os pais dos amiguinhos de seu filho, não falte às festinhas infantis e encontros sociais, frequente a academia ou o clube para jogar tênis ou futebol e sempre tenha seu cartão de visitas em mãos. Muitas oportunidades surgem nas consultas informais e nos bate-papos descontraídos entre as pessoas.

Marketing social também é um excelente chamariz para captação de pacientes e abrange em sua amplitude os chamados marketing cultural, marketing esportivo, marketing ecológico e marketing comunitário. Por isso, participe de ações sociais, atividades ecológicas, eventos esportivos, viva em comunidade e faça filantropia. Ofereça palestras e eventos que possam gerar um retorno mais tarde. Não perca a chance de se fazer solícito, notado e disponível como profissional e como pessoa cidadã. Do ambiente social podem surgir muitas oportunidades e uma grande carteira de pacientes.

No marketing tradicional, criado nos anos 1950, também existe um conjunto de ferramentas utilizadas para trabalhar a venda de um produto. São elas inicialmente os pilares do Mix de marketing, aqueles famosos quatro Ps já citados: Produto (ou serviço), Ponto (o local), Promoção (publicidade e divulgação) e Preço (real e competitivo). Se os quatro Ps estiverem alinhados, a chance de obter sucesso na captação de novos pacientes aumenta muito. Mais recentemente estes quatro pilares tiveram que ser revistos e adaptados para a prestação de serviços, como é o caso da Odontologia, e os teóricos de marketing acrescentaram outros Ps a esta lista, destacando-se em especial um quinto P de suma importância, referindo-se a Pessoas. O que faz muito sentido porque tudo é relacionamento e tudo envolve pessoas. O dentista não está sozinho, se relaciona com a secretária, com o cliente e precisa conhecer sua personalidade e a do outro para tirar o melhor destes relacionamentos.

Por ser uma linha teórica com mais de 50 anos de história, outras revisões foram surgindo ao longo dos anos e, além dos quatro Ps clássicos do marketing, e do quinto P de Pessoas, algumas correntes introduziram um sexto P, de Pesquisa. Trata-se de algo muito em moda em todo mundo, em especial nos Estados Unidos onde o tema "*voice of client*" é cada vez mais discutido. Ouvir a voz do cliente não é algo novo, vem desde os tempos dos antigos empórios em que o próprio dono ficava lá, "proseando" com os clientes para saber o que desejavam. O mesmo deve acontecer hoje no consultório dentário: é preciso ouvir o paciente para ser capaz de satisfazê-lo individualmente.

Apareceram ainda outros Ps, bastante interessantes para o segmento de prestação de serviços e para a Odontologia em especial. E, neste capítulo, com o objetivo de ajudar o dentista a conquistar o cliente e com a ajuda das ferramentas de marketing, vamos trabalhar 8 Ps a seguir: Produto; Ponto; Processos; Produtividade e Qualidade; Pessoas; Promoção e Educação; Evidências Físicas e Preços. São 8 fatores que, se bem alinhados, resultam em um valor agregado para o cliente e muito maiores chances de sucesso para o dentista. O que vale não só para quem está começando agora, como também para os que já estão na estrada há alguns anos, mas ainda se encontram insatisfeitos com os resultados obtidos com a profissão.

Produto ou serviço

Quando falamos em produto no campo da prestação de serviço, temos que ter em mente a venda de um serviço. Ou seja, quem vai a um consultório dentário para uma consulta inicial vai comprar um serviço. A necessidade é que o motiva a ir a um consultório. Portanto, podemos dizer que, em serviço, o produto corresponde a três atributos: procura, experiência e confiança. Isto é, o cliente procura porque está necessitando daquele serviço. Se sente confiança no profissional desde o primeiro momento, vai "comprar" o serviço e, com o tempo, a relação de confiança será estabelecida. E é bom ter em mente que, no primeiro momento, na busca pelo serviço, o potencial cliente está observando o ambiente do consultório ou da clínica de maneira geral, o profissional e os serviços de suporte.

Dos três atributos, o mais sensível de se medir é a confiança, ainda mais na Odontologia, onde o serviço feito não é fácil de ser observado pelo leigo. Diferentemente de um decorador contratado para dar novos ares a uma sala de estar, por exemplo, que depois de pronto, basta verificar se está agradando o cliente, se foi feito no prazo e se está dentro do orçamento estipulado. Na Odontologia, é comum que a confiança leve um tempo maior para vir, mas normalmente pode ser comprovada através do retorno constante e até da indicação de outros pacientes.

O profissional de saúde enquanto prestador de serviços pode ser analisado de forma simplista como um *produto*. A qualidade de seu serviço decorre da coesa qualidade da pessoa, de sua bagagem de conhecimento, de técnica, da experiência prática que possui e de uma série de características mais subjetivas que são intimamente associadas a ele, como ética, honestidade, postura, atitudes e valores, coisas que isoladamente podem não parecer tão relevantes, mas que terão um forte impacto no cliente.

No caso do dentista, a prestação de serviço apresenta uma diferenciação que é a escolha em atuar de forma especializada ou mais generalista atuando como clínico geral (quando atende ele mesmo muitas especialidades) e isso pode estar relacionado com a região, tempo de formado, tipo de clínica, demanda. Ambas as alternativas podem ser bem-sucedidas, mas é interessante notar que podem haver percepções diferentes dos pacientes: alguém que busque um endodontista de alta capacitação pode não se sentir muito confiante ao saber que o profissional recomendado atua também em outras áreas; já outros, pelo perfil mais prático, acham ótimo que seu dentista atue em várias áreas concentrando tudo num só local.

Cabe ressaltar que, para alguns clientes, a formação ajuda a criar uma imagem do serviço oferecido. Profissionais graduados nas faculdades chamadas de "primeira linha", por exemplo, agregam este valor ao seu produto (ou serviço), o que o diferencia dos outros. A isso chamamos de vantagem competitiva, ou seja, o profissional tem uma certa vantagem ao ser comparado com outros profissionais num primeiro momento pelo seu histórico de graduação. Não é raro vermos quadros nas paredes com os diplomas mais importantes ou títulos e experiência como docente listados no bloco de receituário. É preciso trabalhar bem estas informações. E os que não se formaram em faculdades tão renomadas podem compensar investindo em pós-graduação e, posteriormente, também tornar visível estes atributos. Tudo isso, claro, depende do perfil de consultório ou clínica desejado. Quanto mais elitistas, mais estas informações ganham importância, é natural.

Estudo de caso

Joaquim, 38 anos, é dentista formado há quinze anos. Quando se formou, ainda muito jovem, abriu um consultório em um ponto central da cidade e se acomodou. Com o passar dos anos, percebeu que, apesar de estar em um ponto bem localizado e ter boa formação acadêmica, não tinha o consultório tão rentável quanto gostaria. Alguma coisa estava errada. Conversando com amigos, descobriu que existiam muitos outros "colegas" na mesma posição, formados, com ponto bom e baixa rentabilidade. Concluiu que deveria se diferenciar dos demais, pesquisou e resolveu se especializar em estética. Com isso, deu uma virada na carreira. Além de se modernizar e se atualizar sobre o mundo odontológico, dedicou-se com afinco, descobriu a importância de valorizar a imagem e tornou-se uma referência de sucesso na região, recebendo pacientes indicados pelos colegas e pelos próprios pacientes. Consultório vazio nunca mais!

Para aqueles que ainda não definiram bem a especialidade ou o formato de prestação de serviços, o melhor caminho é escolher o público-alvo. Faça a pergunta: "Para quem eu desejo prestar serviços?" Só assim poderá definir estratégias claras para atingir aquele segmento e oferecer uma série de serviços adequados. Em São Paulo, na região dos Jardins, área nobre, montar uma clínica para fazer exclusivamente próteses parciais removíveis (PPR) seria um fracasso. Hoje a tendência principalmente entre os mais abonados, é o implante como base da reabilitação oral. Mas a ideia poderia ser genial em Igarassu, interior de Pernambuco, pois por lá, e nas pequenas cidades do Nordeste, colocar uma "ponte" é sinônimo de *status*, melhor que ficar sem um, dois ou mais dentes. Ou nas classes C e D de grandes cidades, porque, apesar da limitação estética, é o serviço que cabe dentro do orçamento.

Ponto

Esse item também varia em função do perfil do negócio. Se o projeto é um consultório popular, os melhores lugares são os de fácil acesso ao transporte público, avenidas conhecidas, próximas a terminais de ônibus, metrô ou trem. Em todos os casos, é fundamental estar atento à aparência do local. Para clínicas mais voltadas para as classes média e alta, a pressão neste sentido é ainda maior, o bairro escolhido conta muitos pontos e ajuda a compor a imagem do profissional no primeiro momento. É preciso olhar a concorrência e cuidar de detalhes que podem fazer a diferença. O ponto é sempre importante no sentido de que deve facilitar a vida do cliente, novos e antigos, sendo uma região com o tráfego não tão congestionado e com estacionamento fácil, se estamos em uma grande cidade, segura e, se possível, agradável.

Na escolha do ponto, alguns diferenciais ajudam a atrair mais clientes ou proporcionam a criação de outras estratégias para a captação deles. E aí entram o ambiente interno do consultório, as cores, a decoração, os recursos disponíveis para distrair pacientes e acompanhantes durante a espera, incluindo as crianças. Sem contar a disponibilidade de horários. Dentistas que atendem nos fins de semana precisam escolher um ponto adequado para este tipo de dia, pois o centro das cidades quase sempre fica deserto aos sábados e domingos. Além disso, pensar no acesso e segurança do local é fundamental em longo prazo; alguns colegas perdem muito dinheiro quando investem em pontos vulneráveis.

As franquias estão em franco crescimento e muitas são um modelo de sucesso, principalmente as voltadas para classe média e média baixa. É uma excelente alternativa para os que estão inseguros em montar uma clínica, pois o franqueador já oferece um modelo de negócio maduro, auxilia na escolha do ponto, nas contratações e treinamentos, no controle de dados e sistemas e na gestão administrativa e financeira, cobrando um percentual (*royalties*) dos rendimentos de cada unidade. E o franqueado não precisa se preocupar em construir uma marca, já começa fazendo parte dessa empresa constituída e cuida de sua unidade que faz parte do todo, mas é muito importante conhecer, analisar e estudar bem a idoneidade da empresa franqueadora, porque existem muitas marcas de franquias que não se comprometem como o previsto e não dão suporte aos franqueados, deixando os investidores à deriva, e fazendo que um investimento alto e muitos sonhos possam terminar de forma extremamente frustrante.

Falaremos mais a frente de *personal brand* e *brand*, a marca pessoal e a marca da clínica. O importante agora é pensar que tudo que envolve o negócio ajuda a construir a marca do consultório ou da clínica diante do cliente, assim como qualquer erro pode comprometê-la e prejudicá-la; todo cuidado é pouco.

A equipe, como já mencionado em outros itens, também faz parte dessa marca constituída, é uma representação da clínica através de cada assistente ou colega que trabalhe nela. Uma secretária deve se vestir adequadamente para a função, por exemplo. Muitas vezes, um uniforme soluciona os problemas de imagem e vestimenta inadequada. Nada de excesso de maquiagem ou de acessórios. Tudo tem que estar em sintonia com o ambiente. E é papel do dentista cuidar destes detalhes, afinal, é ele o dono do negócio.

Estudo de caso

Luciana, 30 anos, dentista formada por uma conceituada faculdade de São Paulo, nunca teve problema com dinheiro. Assim que se formou, ganhou do pai um megaconsultório em uma região privilegiada de São Paulo e, para facilitar, no mesmo andar do edifício onde funcionava o consultório de fisioterapia do irmão, formado anos antes e com uma boa clientela. Resultado: já começaria com a agenda lotada. Até que foi alertada por um primo para o fato de que no mesmo prédio havia mais 15 consultórios dentários. Mas Luciana apostava no ponto e buscou como diferencial o mezanino, já que o seu era o primeiro consultório a ser visto por aqueles que entravam no edifício.

Sabemos que mudar a clínica de um lugar para outro é sempre um processo trabalhoso, para não dizer doloroso. Mas apesar de cansativo, esse processo, se feito com atenção e detalhes, pode evitar desgastes futuros e a certeza de ter escolhido o local ideal. Isso passa por uma análise apurada da região, checagem de visibilidade, segurança, fluxo e acesso de transeuntes, oportunidades de parcerias e comércio local. Definido o ponto, arrumar o consultório de forma caprichosa e atentando a cada detalhe é fundamental. Uma avaliação constante ajuda a perceber se o local de atendimento está colaborando com o sucesso do negócio ou não, e assim buscar possíveis ajustes. Estamos começando a pensar em gestão estratégica e, quando voltamos aos oito pilares do marketing para a área de serviços, fica claro que todos precisam atuar positivamente para um bom resultado. A falha em um deles é suficiente para criar problemas e afetar o esforço de marketing para conquistar o cliente. Para usar as ferramentas do marketing aplicadas à Odontologia também é preciso estar aberto, saber ouvir e repensar sempre o próprio negócio, a própria carreira.

Estudo de caso

Paulo se formou em uma das melhores faculdades de Odontologia do Rio de Janeiro. Montou um consultório de ponta em uma região nobre da cidade. Tinha tudo para dar certo, mas o consultório era vazio. Percebeu que até conseguia atrair alguns pacientes, mas não os fidelizava. Ele era bom profissional, porém muito tímido, além disso, sua secretária não tinha o perfil adequado para recepcionar bem os pacientes. Tudo estava errado. Resolveu pedir ajuda profissional para achar o que amarrava seu negócio. Depois de algum tempo de análise, a consultora percebeu que não bastava ele apenas ser bom e estar bem localizado, precisava fazer algumas mudanças para que o negócio fluísse. Como Paulo não era tão extrovertido, precisava de alguém que suprisse essa necessidade. A secretária deveria ser mais bem-humorada e com iniciativa. Um problema: não queria trocar de secretária, pois gostava da moça e sua contratação foi indicação da família. Outra mudança sugerida seria a flexibilidade de horário. Paulo precisava ter encaixes e atender o paciente quando ele pudesse ser atendido. Nova negativa: o horário não seria mudado, já tinha feito sua rotina e não abriria mão dela. Outras várias dicas foram dadas pela consultora para alavancar o negócio e ele não aceitava, não estava aberto a mudanças. Resultado: por se achar uma "estrela", não ter humildade e ter medo de novos desafios, não acatou as dicas da profissional e continuou com o consultório às moscas. Perdeu tempo e dinheiro com a consultoria prestada.

Processos

Em qualquer área, são poucas as pessoas que pensam nas etapas de planejamento na hora de conceber um negócio – menos ainda na de Odontologia. Mas um detalhe fundamental: são os processos que definem o padrão de qualidade de uma empresa. Sim, *empresa*, é hora de começar a pensar a carreira profissional e o consultório ou clínica como um negócio a ser gerido. Precisa dar lucro, caso contrário não fará sentido.

Portanto, antes de começar qualquer iniciativa na Odontologia ou diante de uma revisão de rotas é preciso planejar, colocar as etapas no papel e traçar metas, sempre atento aos processos.

E podemos definir processos como sendo a sequência de atividades que precisam ser desenvolvidas desde a acolhida do paciente e diagnóstico até a entrega final do serviço a ele. Inclui o agendamento de consultas, a confirmação antecipada para evitar os buracos na agenda, o controle de pagamento, a reposição do estoque de material, o pagamento dos fornecedores e o treinamento e motivação da equipe. Enfim, tem a ver com a cadeia sequencial de serviços, um assunto muito em evidência hoje em dia.

Para refletir

"Não se pode esperar que as coisas sejam feitas se não estiverem previstas para serem feitas. Não se pode esperar que as coisas sejam feitas corretamente se não estiverem claramente definidas para serem feitas desta forma", diz Luiz Teluo Saguchi no livro *Gestão empresarial*: iniciando a excelência organizacional nas pequenas e grandes empresas.

E não podemos esquecer que os processos podem ser permanentemente revistos e melhorados.

Estudo de caso

Assim que se formou, Eliane, 34 anos, abriu, com sacrifício, um consultório no centro de São Paulo. Depois de meses sozinha, não dava conta da demanda de pacientes e precisou admitir novos funcionários. Agregou secretárias e dentistas. Pacientes não paravam de chegar e ainda continuava desorganizado. A quantidade de funcionários que tinha dava para gerenciar o consultório, mas isso não era feito. Ninguém sabia o que fazer, de qual paciente ou tarefa cuidar. Todo mundo fazia tudo e acabava não fazendo nada. Eliane resolveu organizar as coisas, pois percebeu que precisava ter planejamento e mostrar a cada um a sua função. Alugou o centro de convenções de um bonito hotel da cidade e ofereceu aos funcionários uma espécie de seminário. Algo que apresentaria a empresa a eles e, de certa forma, mostraria o papel de cada um e os objetivos da empresa. Pronto. Iniciando um modelo de gestão focada e estratégica, com tarefas e objetivos claros, comunicação interpessoal constante, com cada um sabendo sua função, o consultório virou modelo em atendimento. Uma medida barata e de resultado imediato.

Em um consultório dentário, podemos dizer que o ciclo da prestação de serviços envolve os seguintes processos: diagnóstico, planejamento, orçamento, estabelecimento de prazos para o tratamento, negociação de condições de pagamento, criação de sensação de segurança e de garantias. Paralelamente surgem os outros processos internos que viabilizam o dia a dia do consultório.

Os problemas repetitivos indicam que algum processo não está indo bem e precisa ser revisto. Enfrentar constantemente o mesmo problema aumenta o nível de estresse, prejudica o trabalho de todos e faz com que a produtividade caia. Identificar e solucionar o problema o quanto antes é o melhor remédio. Monitorar para ajustar é fundamental em processos.

Muitas vezes acontecem os casos que aqui chamarei de "efeito maus clientes", aqueles que, de uma forma ou de outra, são problemáticos, e precisam ser afastados para que a rotina do consultório ou clínica possa seguir normalmente. É aquele sujeito que reclama demais e faz as queixas na frente dos demais pacientes, muitas vezes se expondo e causando constrangimento na sala de espera.

O fundamental aqui é identificar a raiz do problema. Será que está mesmo no paciente? Ou é reflexo da própria estrutura de funcionamento do consultório? Uma boa dose de autocrítica ajuda a identificar o problema e reduzir o desgaste diário. Uma dica é fazer um *check list* e verificar se realmente está sendo oferecido tudo que o cliente necessita para sair satisfeito do consultório. Por exemplo, o profissional se mantém no horário ou é comum atrasos de mais de 15 minutos (máximo razoável, exceto em casos de encaixes por emergência, quando os próximos pacientes devem ser notificados)? Desmarca consultas com frequência? A secretária confirma os horários das consultas com os pacientes em tempo hábil? É atenciosa? O ambiente sugere biossegurança total ou aparenta descuido? E o profissional é delicado e conduz a consulta de forma humanizada, segura e tranquila? Tem absoluto controle do atendimento e separa problemas pessoais da consulta clínica? Ou constantemente interrompe o atendimento para atender telefonemas pessoais e falar com colegas? É displicente e se atrapalha com frequência, procura ou deixa cair instrumentos, se mostra muito irritadiço com falhas em procedimentos (erros na moldagem ou falhas na confecção de moldes, quebra de rolamento ou motor, atraso na entrega de serviços protéticos, por exemplo)? Discute de forma ríspida com a assistente causando constrangimento a ambos, secretária e paciente?

Um indicador de que algo ruim acontece é a perda constante de pacientes; quando o dentista indica para outro profissional especialista e o paciente não volta mais, afinal um consultório com baixo índice de indicações e pouco índice de retorno dos pacientes ativos também é um ótimo sinal de alerta. Fazem a "luz amarela" piscar e convidam o profissional a realizar uma análise apurada de possíveis problemas, identificá-los e criar um consistente plano de ação para reverter o cenário. É o que chamamos de PDCA – Planejar (*Plan*), Executar (*Do*), Verificar (*Check*) e Agir (*Action*).

Conforme um problema é identificado, analisar a situação e pensar em soluções, alternativas a serem implementadas e como promover a mudança em direção à melhoria é fundamental para se manter o ciclo operacional eficiente (monitorando constantemente os serviços de forma a fechar o ciclo de PDCA) e garantir um padrão de qualidade geral no atendimento.

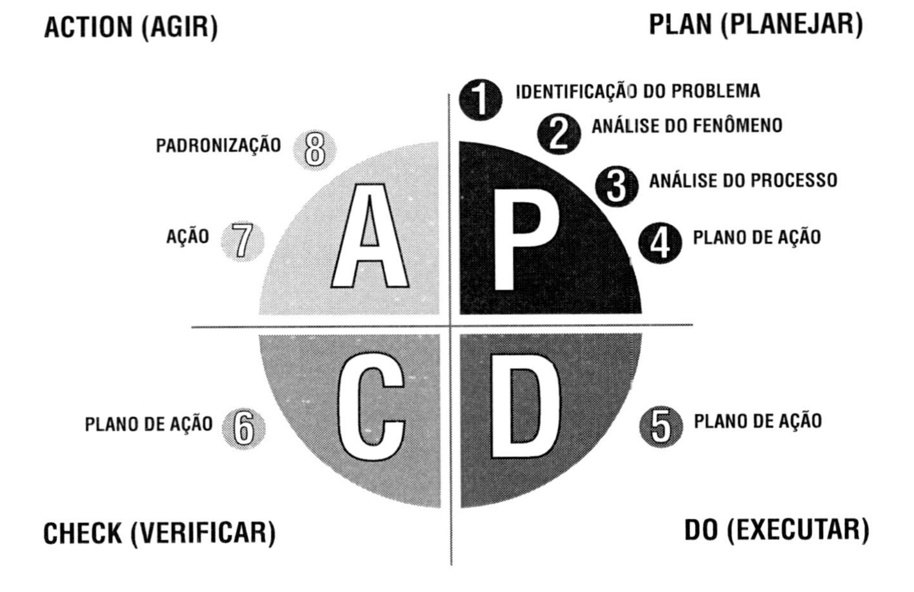

Produtividade e qualidade

A produtividade está intrinsecamente ligada à qualidade e, por tabela, ligada aos processos e à rentabilidade.

Falar em qualidade começa pelo respeito às nossas próprias limitações. Essa é a premissa básica de qualquer profissional sério e ético: até onde eu posso ir? Qual meu nível de competência técnica para realizar procedimentos nos pacientes? Cada um deve ter consciência de suas próprias limitações técnicas e consciência de sua formação. Há um padrão mínimo de conhecimento e capacitação que precisamos atingir e dentro disso sabemos sempre até onde podemos ir sozinhos, ou se precisamos de ajuda. Não atender um paciente por falta de conhecimento naquilo que ele demanda e recomendá-lo a um especialista, por exemplo, ao contrário do que alguns colegas possam acreditar ou temer, pode ser sinal de responsabilidade, de preocupação com a qualidade, e de postura ética em relação ao paciente e à sociedade.

Outro caminho importante para garantir a qualidade é valorizar a formação. Não existe mais aquele dentista que faz a graduação e está pronto para trabalhar pelos próximos 30 ou 40 anos. O conceito de educação continuada está cada vez mais evidente e investir nisso garante não só a qualidade do trabalho, como também abre portas. Portanto, cursos de especialização, treinamentos, cursos presenciais e virtuais, programas de atualização, leitura constante de livros, publicações técnicas e a participação em websites, que são verdadeiras comunidades de estudo e pesquisa, fazem parte deste processo de formação continuada. Não se pode esquecer que a capacitação ajuda a desenvolver as habilidades e potencializa os resultados.

E, paralelamente, é preciso garantir a produtividade. Não adianta ter qualidade no atendimento se o serviço não rende, se a agenda é cheia de buracos e o dentista fica ocioso por longos períodos. Ou ainda se o tempo, sempre precioso, é consumido em tarefas que poderiam muito bem ser executadas por um assistente ou uma recepcionista. É necessário ter foco e otimizar o funcionamento do consultório ou da clínica.

Quem atende convênios sabe que a única chance de obter altos rendimentos é montar uma linha de produção eficiente com volume de atendimentos, dando atenção de forma objetiva e competente – pois as temidas refações de procedimentos são perda de tempo e dinheiro, além de produzirem impacto negativo no paciente. É muito importante saber contratar e escolher uma secretária, uma assistente extremamente eficiente, porque a administração dos serviços conveniados exige preenchimento de guias, controles de consultas, comprovantes de pagamentos, radiografias – todos os detalhes são críticos para evitar glosas e provisionar a entrada dos reembolsos que nem sempre são rápidos.

E isso se consegue definindo, por exemplo, o tempo de atendimento, especialmente para aqueles que trabalham com convênios ou em clínicas populares, garantindo o fluxo de pacientes ao longo do dia. Cuidando também da funcionalidade do espaço interno, da ergonomia. Um dentista que no meio da tarde está com dores nas costas ou irritado porque precisa levantar a todo momento para procurar material em outra sala vai certamente ter a produtividade reduzida. O que pode parecer gasto excessivo (contratação de uma assistente extra, por exemplo), na verdade, pode dar condições de um maior fluxo de atendimentos e facilmente esse investimento é recuperado por mais procedimentos realizados.

Em outras palavras, organização, disciplina e funcionalidade são os pontos básicos para garantir produtividade. E isso se conquista com a ajuda de uma equipe bem treinada, investimento em tecnologia da informação – banco de dados, controle financeiro, fichas clínicas e novos recursos tecnológicos – e um bom gerenciamento.

O que pode definir a qualidade do serviço, além da capacidade técnica, é o comprometimento com o atendimento. Entenda-se por atendimento todo o processo de relacionamento, desde acolher, ouvir com atenção, entender suas necessidades e buscar responder às suas expectativas. Apesar de comumente os dentistas acharem que sabem o que o paciente precisa ou quer, não há como atendermos um cliente se não soubermos o que ele busca de fato.

freepik.com

Pessoas

Pessoas talvez seja o "P" mais importante ou que envolva mais aspectos no exercício da Odontologia. O dentista lida com suas próprias características pessoais, relaciona-se com a secretária, com os pacientes, colegas, fornecedores e com os colaboradores. E é preciso extrair o melhor de todas estas relações para o sucesso do empreendimento. Do lado dos colaboradores, todos precisam estar devidamente motivados e treinados para as funções que vão exercer e, se olharmos os pacientes, aprenderemos um pouco sobre personalidades humanas, o que vai ajudar a desenvolver ótimas estratégias de relacionamento. Torna a vida mais fácil, em outras palavras.

Quem sou eu?

Muitos estudantes de Odontologia já começam o curso preocupados em juntar os recursos necessários para abrir o consultório. É uma preocupação pertinente, mas as reflexões acerca da carreira começam um pouco antes disso e com uma abordagem mais intimista. Eu preciso saber mais sobre mim mesmo para que, conhecendo melhor a profissão que escolhi, possa seguir para uma determinada área de atuação e me realizar plenamente.

Uma boa ideia pode ser colocar no papel características que eu acho que possuo ou que meus amigos e parentes identificam em mim. Sou uma pessoa extrovertida? Ou sou tímida? Tenho um tino para os negócios, daria um bom administrador? Gosto de ter contato com as pessoas? Sou comunicativo? E por aí vai.

Quem sou?

Nome:
Idade:

Situação familiar:
( ) Vivo sozinho.
( ) Vivo com meus pais.

Finanças:
( ) Meus pais pagam a minha faculdade.
( ) Sou independente financeiramente.
( ) Sou bolsista.
( ) Tenho financiamento estudantil.

Vocação:

( ) Vem desde criança, há dentistas na família.

( ) Surgiu de repente, mas ainda tenho dúvidas.

( ) Estou certo não só da profissão, mas do campo de atuação escolhido.

Depois da faculdade:

( ) Pretendo fazer especialização.

( ) Preciso começar a ganhar dinheiro com urgência.

( ) Quero passar um tempo no exterior para aperfeiçoar o inglês.

Como me defino:

( ) Simpático.

( ) Introspectivo.

( ) Comunicativo.

( ) Tenho dificuldades de relacionamento.

( ) Exigente.

( ) Ansioso.

( ) Perfeccionista.

( ) Me conheço pouco.

( ) Outros: ___________________.

O que adoro:

( ) Estar só.

( ) Conhecer gente nova.

( ) Ser independente.

( ) Aprender coisas novas.

( ) Outros: ___________________.

O que detesto:

( ) Conversar com quem não conheço muito.

( ) Rotina.

( ) Vida agitada.

( ) Comandar uma equipe.

( ) Receber ordens.

( ) Ter que estudar muito.

( ) Outros: ________________.

Com base no meu perfil, posso identificar os caminhos da Odontologia que melhor combinam comigo e assim realizar todo o meu potencial. Muitos dentistas ingressam na profissão com elevada capacidade técnica, mas morrem de tédio com a rotina de um consultório. Ou seja, se você não gosta de estar sozinho, detesta conversar com quem não conhece muito ou comandar equipe, talvez o consultório não seja o caminho mais recomendado.

Por outro lado, alguém que vive com os pais e ainda está investindo na carreira com uma especialização, tem um começo de vida profissional mais estável e pode se dar ao luxo de esperar o consultório ou clínica se tornar rentável porque não precisa do dinheiro para sobreviver. É preciso ser crítico e manter os pés no chão diante das possibilidades de cada profissional.

Estudo de caso

Rebeca, quando se formou, juntou-se a dois amigos e montou um lindo consultório em uma região nobre de São Paulo. Vontade, competência e visão ajudaram os amigos a logo se tornarem referência no atendimento. Consultório cheio, profissionais realizados, certo? Errado, pois Rebeca estava frustrada. Além de tratar dos dentes de seus pacientes, muitas vezes virava psicóloga. As pessoas adoravam tratar com ela, inclusive pelos longos papos, mas Rebeca, aos poucos, percebeu que aquela rotina não tinha nada a ver com ela. Gostaria de se relacionar com outras pessoas, conversar, trocar ideias e desenvolver algo que fosse mais dinâmico, que aproveitasse sua grande energia. Sabia, no entanto, que isso não era motivo para abandonar a carreira, poderia optar por áreas afins e não jogar fora toda a sua formação e experiência profissional. Experimentou dar aulas, trabalhou em empresas de convênio, gerenciando, por exemplo, o serviço de atendimento aos clientes. Fez MBA em gestão empresarial e acabou usando todo seu conhecimento em um cargo de executiva de marketing de uma empresa de saúde. Rebeca é um bom exemplo de alguém que alargou os horizontes e pensou em outros caminhos para se realizar profissionalmente.

Consultório dentário é a escolha e alternativa natural para muitos profissionais, mas significa trabalhar sozinho, no máximo com a presença de uma assistente. Não serve para quem gosta de se relacionar com várias pessoas, trocar ideias e conversar. Pessoas com este perfil devem preferir atuar em clínicas, com diversos dentistas, de várias áreas, pois assim têm uma rotina mais agitada, e podem interagir nos intervalos entre um paciente e outro, trocando experiências. Ou trabalhar em empresas, sindicatos ou no segmento de Odontologia de grupo. Assim, tendem a se sentirem menos isolados do mundo.

A falta de conhecimento sobre si mesmo também leva a atitudes impensadas. Alguns, logo depois de formados e sem muita consciência de que são ansiosos, querem logo abrir um consultório e começar a ganhar dinheiro. Acabam por colocar os pés pelas mãos. Carreira exige planejamento.

Estudo de caso

Antes mesmo de acabar o curso, Luciano montou uma clínica em sociedade com um amigo da faculdade no Rio de Janeiro. Uma clínica pobre, sem muito recurso, com péssima decoração. Tinha pressa. Depois de algum tempo de formado, alugou um conjunto em um bairro melhor, na mesma cidade. Nesse novo consultório, os equipamentos melhoraram, mas o resultado geral ainda deixava Luciano a desejar. Luciano não sabia aonde queria chegar em termos profissionais. Não planejava a carreira, apenas queria "colocar o carro na estrada e começar a rodar". Ninguém com o perfil de Luciano poderá ser um profissional de sucesso e ser respeitado, certo? Errado, mais para frente voltaremos à história de Luciano para mostrar como o investimento em marketing o ajudou a dar a volta por cima e hoje ser um bem-sucedido e solicitado profissional do mercado.

Já deu para perceber que dedicar um tempo para se conhecer pode evitar dores de cabeça. E isso vale tanto para quem ainda está na faculdade quanto para quem já ingressou na profissão. Sempre é tempo de recomeçar, ou de rever as rotas. O importante é que a profissão nos dê um equilíbrio e realização pessoal, reconhecimento e estabilidade financeira. Se não houver satisfação em um destes tópicos, haverá a sensação de frustração e será preciso parar e analisar, seriamente.

E, ao escolher um campo de atuação mais adequado às nossas características pessoais, não quer dizer que devemos abrir mão de outras atividades. Combinar atividades diferentes ajuda muito a sanar estas dificuldades. Alguém que odeie o isolamento do consultório, por exemplo, pode se dividir, ficando meio período nele e trabalhando em uma empresa de grande porte como consultor na outra metade do dia. Ou talvez dando aulas para a graduação em uma faculdade, atuando em uma escola com campanhas de conscientização, como auditores ou em sindicatos. Há mil caminhos, e para encontrá-los primeiro olhamos para nós mesmos e depois para o mercado.

Muitos jovens entram em crise em relação ao futuro logo que começam a faculdade ou assim que se formam. Assustam-se diante das despesas geradas pelo curso, pelo cenário árido e a dificuldade inicial de ganhar um bom salário e pensam até em desistir. Pior, muitos desistem ou desviam-se da escolha profissional por amor e optam por uma alternativa de sobrevivência, o que certamente vai gerar frustração e arrependimento em médio prazo. Calma! Primeiro é preciso pensar com gestão estratégica, entender o que está dando errado, verificar pontos fracos, analisar as escolhas possíveis. Pode-se ajustar o caminho, modificando-se muitas coisas para melhorar a situação. Entregar o jogo antes do fim da partida não é a melhor opção.

Estudo de caso

Para Camila, cursar a faculdade de Odontologia era um sonho. Quando passou no vestibular em uma faculdade particular, a alegria era tanta que não pensou, em nenhum momento, nas despesas que começaria a ter. O sonho começou a virar pesadelo logo no ato da matrícula. Uma facada! Depois disso vieram as mensalidades, os livros, a lista de material necessária para apenas um semestre, transporte, alimentação. Tudo isso na ponta do lápis não cabia, nem de longe, em seu orçamento. A limitação financeira agravada pelo fato de ter que contar com a ajuda dos pais desanimava Camila, embora não houvesse outro caminho. Sozinha, no seu quarto, pensou em desistir de tudo, pois tinha certeza de que levaria anos para recuperar o dinheiro investido.

Ao calcular quanto gastaria para concluir o curso, incluindo todas as despesas, chegou em 180 mil reais. Seria preciso mudar o curso para o turno da noite e arrumar um emprego para ajudar nos gastos. E também planejar as contas do retorno financeiro, pois o capital investido já estava além daquilo imaginado.

Para quem está em um momento de dúvida, conversar com profissionais bem-sucedidos na Odontologia ajuda (de preferência, profissionais que tenham o perfil parecido com o seu). Quem já passou pelas mesmas inseguranças, além de entender, pode dividir a experiência passada e ajudar a influenciar nas melhores escolhas dos menos experientes.

Eu e os outros

O "P" de Pessoas criado pelo marketing como um pilar de sustentação de qualquer prestação de serviços é fundamental para o dentista. O profissional precisa ser bom tecnicamente, mas para conseguir mostrar isso, tem que conquistar a confiança do cliente, negociar preços e condições, enfim, relacionar-se. E saber algumas dicas a respeito das diferentes personalidades do ser humano pode fazer a diferença entre a frustração e as oportunidades positivas rumo ao sucesso.

Por mais que eu me conheça, preciso aprender a conhecer o outro. O professor Ricardo Buona, físico do Instituto de Pesquisas Tecnológicas (IPT) da Universidade de São Paulo (USP) apresentou um estudo, adaptado dos *tipos* de Hipócrates, sobre perfis e personalidades bastante prático e fácil de aplicar no dia a dia. Primeiramente, dividiu as pessoas em quatro tipos, a partir de dois pilares mestres – os informais (ou flexíveis) e os formais (ou rígidos). Em seguida, criou dois subtipos, os pró-ativos (ou desinibidos) e os reativos (ou tímidos), formando quatro grupos principais: os catalisadores, os apoiadores, os analíticos e os controladores. Relacionamos quais tipos/perfis têm maiores chances de atuar complementarmente, para dentista e secretária, por exemplo, e mais, como um paciente, enquadrado em cada um dos perfis, pensa, facilita a ação do dentista na hora de apresentar um orçamento, sugerir um tipo de tratamento, etc.

Kurhan/ freeimages.com

Os perfis:

Catalisadores – São pessoas flexíveis, adaptáveis e extrovertidas, sendo muito comum serem líderes. São pessoas criativas e bastante falantes, sedutores. Atuam de maneira mais macro, ou seja, olham o todo, mas superficialmente, não são muito operacionais (no que diz respeito a "colocar a mão na massa"), porém delegam e interagem muito bem com as diversas partes envolvidas. Bons exemplos seriam executivos da área comercial, políticos e quase todo grande empresário. Os catalisadores dentistas são aqueles colegas com facilidade de captar pacientes, que cumprimentam várias pessoas no bairro e você nem imagina de onde eles conhecem tanta gente...

Apoiadores – São pessoas flexíveis e adaptáveis, mas pouco extrovertidas. São aqueles que olham para o grupo, buscando sempre a aceitação. Querem ser validados, buscam aprovação e, às vezes, temem a reação das pessoas, fugindo de conflitos e evitando confrontos. Jamais chegam a uma reunião e começam a ser expor. São sempre mais cautelosos neste sentido, mas não imagine que eles não estão se incomodando com as coisas, podem ser os pacientes que somem sem que você saiba o porquê, ou os dentistas que demitem o colaborador sem tentar uma conversa mais dura, ou funcionárias que avisam, no último dia, que deixarão o emprego, deixando você furioso e sentindo-se traído. Poderíamos usar como exemplo deste perfil aquela imagem do sossegado ou daquele "amigão" que está sempre por perto. Apesar de pouco expansivos e alguma dificuldade comercial, são excelentes profissionais para convívio e ideal nos consultórios tradicionais. Trata-se daquele dentista atencioso, calmo, simpático e bom ouvinte.

Analíticos – Pessoas muito detalhistas e, em geral, mais recatadas e tímidas, mas com uma postura mais rígida em relação às regras e combinados, chamam a atenção pelo seu grau de organização e detalhamento. São conhecidos também por serem excessivamente críticos. Entre eles, podemos lembrar daqueles colegas que em sala de aula guardam todas as anotações, que durante uma viagem organizam todo o roteiro, ou ainda daqueles que querem saber dos detalhes, preveem os riscos e quase sempre são pessimistas. Se, como auxiliares, são cuidadosos e irrepreensíveis, apesar de calados, como pacientes pedem muitas explicações, já como profissionais tendem a explicar detalhadamente todos os procedimentos a serem executados durante o tratamento, podendo ser um pouco cansativo para pacientes irrequietos de personalidade catalisadora.

Controladores – São pessoas muito comprometidas, competentes e perfeccionistas. Encaixam-se também neste perfil aquelas pessoas muito autoritárias, que impõem seus pontos de vista e lideram pela força. Ao mesmo tempo, são marcadamente exigentes e centralizadores. O trabalho quase sempre fica concentrado nesta pessoa que, por sua vez, toma todas as decisões. Tendem a ser mais estressados e um pouco explosivos até porque, como são muito exigentes consigo mesmos, não entendem os erros dos outros. Um chefe de setor operacional, por lidar com muitos funcionários ao mesmo tempo, retrata bem este perfil. Profissionais exigentes e com uma tendência a serem "estrelas"; funcionários muito competentes, mas estressados e pacientes reativos (é comum reagirem de forma explosiva) a qualquer falha no acordado são exemplos.

Diante de tudo isso é preciso saber que não há certo nem errado, mas sim diferenças a serem observadas e, consequentemente, combinações que dão certo em um consultório.

Assim, um dentista muito falante faria bem se contratasse uma secretaria mais quieta, organizada e discreta. Um dentista catalisador combina com secretaria analítica. Se estivermos diante do caso de um dentista apoiador, que pode apresentar comportamento inseguro, uma secretária analítica ou controladora seria favorável. Já um dentista analítico, detalhista ao extremo, faria uma boa dupla com uma secretária catalisadora ou apoiadora, ambas dariam mais leveza ao ambiente. E, por fim, diante de um dentista controlador, mais difícil de lidar, a secretária ideal seria alguém doce e sociável, a apoiadora ou a analítica (que se mantém firme e focada), predisposta em obedecer prontamente às ordens do chefe.

Os mesmos perfis ajudam no relacionamento com os clientes. Um paciente catalisador é alguém extremamente vaidoso, valoriza o dinheiro que possui e o recurso estético, portanto está de olho em resultados aparentes que façam a diferença. É um tipo de cliente que quer escutar elogios, como "vai ficar lindo!", "irá te rejuvenescer!", "tecnologia de ponta, os mais modernos recursos!", e por aí vai. Gosta de ser mimado, valorizado e destacado individualmente.

Diante de um paciente apoiador, a postura do dentista deve ser diferente. Uma pessoa com este perfil é alguém que sabe ouvir e está mais preocupada com a saúde, o conforto e o próprio bem-estar. Alguém que adoraria saber que o tratamento vai além da questão estética ou que, do ponto de vista profissional, ajudam bastante, são importantes para a sua inserção na sociedade, ou são uma tendência global. Esse paciente tem necessidade de se sentir inserido em um grupo.

Já o paciente classificado como analítico está interessado em detalhes a respeito do tratamento, quer saber como os procedimentos estão sendo planejados, prazos, resultados, materiais a serem usados. Está sempre cheio de dúvidas e precisa esclarecê-las para decidir. Ele acompanha tudo o que está sendo feito e pode ser um sujeito desconfiado e, em algumas situações, pede o espelho para conferir os resultados. Ao dar explicações sobre cada etapa, você vai ganhando a confiança dele.

E, por fim, temos o paciente controlador. Bastante preocupado com a relação custo/benefício, pensa sempre na importância e na necessidade do tratamento, coloca tudo na balança. É objetivo, não tem tempo a perder e investe se chegar sozinho à conclusão de que é importante para sua satisfação pessoal. A conduta vale tanto para benefícios estéticos quanto financeiros, é ele quem vai decidir analisar, resolver tudo. Mas paga o que for acordado sem lamentar ou titubear. O cuidado que se deve ter com esse perfil é que, em função de seu alto grau de exigência e compromisso, inclusive com ele mesmo, também acaba esperando isso dos outros e é comum ser bastante inflexível. Então cuide de todos os detalhes no atendimento porque, se você errar, pode esperar por uma reação enérgica (é comum ele se mostrar indignado e manifestar isso de forma bastante explosiva).

Comece a colocar em prática os conhecimentos adquiridos até agora. Qual é o seu perfil? E de seus colegas, e de sua secretária? Quais os comportamentos dos principais pacientes? Como você deve proceder para atender suas expectativas? Anote tudo em uma folha e estabeleça as relações. Reveja mentalmente os clientes e procure identificar pelo menos um de cada perfil. Vai ver que, além de útil, é divertido!

freeimages.com

Promoção e educação

Quando falamos em promoção, a primeira coisa que devemos pensar é em ética. Apesar de não me parecer muito claro em alguns detalhes quanto às normas de propaganda e em especial a parte de marketing digital e promoção nas redes sociais, minha sugestão é que você leia com atenção o Código de Ética (especificamente os artigos 11 e 14), disponível no site do Conselho Federal de Odontologia (CFO) (www.cfo.org.br) e que trata das normas e regulamentação de anúncios e propagandas, e interprete com bastante critério antes de se aventurar em anúncios escandalosos. Lopes-Júnior, Silva e Sales-Peres em trabalho publicado na *Revista de Odontologia da UNESP*[2] de 2009 fizeram um estudo comparativo muito interessante entre os Códigos de Ética Ibero-Americanos e o Brasileiro, abordando relação profissional-paciente, os deveres dos profissionais, os honorários, sigilo profissional e publicidade.

Pense comigo: ao expor seu consultório numa mídia aleatória, você está convidando qualquer estranho a entrar no seu estabelecimento. E então, além de não respeitar a regra básica da segmentação (definir um público-alvo para atender), você se torna vulnerável, não controla mais quem o acessa, o mesmo risco de insegurança que as clínicas populares com acesso direto da rua sofrem por permitir que qualquer estranho entre para pedir um orçamento.

A área de saúde ainda é vista com muito pudor quando o assunto é marketing ou promoção. Uma fábrica de carros pode fazer anúncios de página inteira do seu produto e destacar os diferenciais com o uso de cores e fotos belíssimas. Um médico ou dentista não pode e nem deve fazer isso. As pessoas ainda têm preconceito contra uma propaganda ostensiva, não esperam isso dos profissionais de saúde, apesar de estarmos vivendo um momento de transição e haver conflitos de valor entre gerações mais tradicionalistas (as de quem tem mais de 40 anos) e os mais jovens que são globalizados, internautas, foram criados no ambiente da web e são mais abertos a contato promocional, abordagem e comércio eletrônico, pois julgam menos os movimentos antigamente considerados agressivos de marketing.

2 Disponível em <revodontolunesp.com.br>. Acesso em 18 dez. 2014.

Além da ética, coloque na balança também a realidade do mercado, sua competitividade e a globalização, que mudou o mundo e, claro, a forma das pessoas se relacionarem com a informação e a escolha de profissionais. Hoje, basta colocar o nome de um profissional em uma das dezenas de ferramentas de busca disponíveis na internet para saber mais sobre aquele dentista. Assim, a primeira dica de marketing e promoção é estar na internet, promovendo seu nome como um cartão de visita só que eletrônico; ao digitarem seu nome é preciso ser rapidamente localizado e ter informações profissionais atualizadas: monte um blog (é gratuito), um site (mais profissional) ou crie uma página no Facebook (mais dicas à diante), participe de comunidades virtuais, enfim, seja localizável.

Como lidar com tudo isso? Em primeiro lugar, desenvolver um bom trabalho com preços justos sempre dá resultado e a manifestação mais imediata é a propaganda "boca a boca", o chamado *buzz marketing*. Depois, ao estabelecer uma rede de relacionamentos, incluindo pacientes e colegas, o profissional dá início a uma cadeia constante de recomendações que será fundamental para a carreira e formação da carteira de pacientes. Dentistas de outras especialidades também indicam, formando uma bela parceria.

Preste atenção em uma diferença importante, a publicidade (atente ao verbo "publicar"), aquela paga, semelhante à do anúncio de carro, não é bem-vista, mas a propaganda ("propagar") pode ajudar a construir a imagem do profissional. Isso pode ser feito através de palestras em escolas, associações e organizações não governamentais, e até através dos informes publicitários, que são reportagens pagas mas com conteúdo social publicadas nos meios de comunicação. Atualmente o Código de Ética já prevê a propaganda na área da saúde e é permitido o anúncio com restrições, não podendo anunciar preços nem condições de pagamento, sendo expressamente proibido participar de sites de vendas coletivas, panfletagem de rua e oferecer consultas ou diagnósticos gratuitos. Atenção especial ao fato de ser proibido expor qualquer elemento que possa identificar o paciente, então os casos dos sorrisos – o famoso "antes e depois" –, em tese, não são permitidos (apenas para fins didáticos acadêmicos e com expressa autorização do paciente). Não há legislação específica prevendo normas para promoção em redes sociais, então o bom senso é imperativo nessa fase de transição em que vivemos. Para se garantir, pegue por escrito autorização do seu paciente permitindo veiculação da imagem parcial (sorriso).

Contar com um bom profissional de assessoria de imprensa também pode ajudar a abrir espaço nos meios de comunicação na hora de falar sobre novas técnicas, dar dicas de cuidados e esclarecer situações polêmicas. Utilizar alguma assessoria de imprensa é uma forma de se conquistar cobertura editorial (reportagens, notas em colunas etc.) nestas mesmas mídias, com apelo noticioso e não comercial. Esses profissionais ajudam a construir e divulgar uma imagem positiva do dentista e escrevem notícias, os *realeases*, que tentam chamar o interesse dos jornalistas e das mídias para sua publicação. Mas o investimento demora, é alto e funciona sempre melhor para os profissionais de saúde mais experientes, uma vez que têm mais conteúdo a ser trabalhado e podem esperar sem ansiedade pelos resultados – não é recomendado como ação imediatista.

No relacionamento com os clientes, na minha opinião, a visão de marketing também será essencial. Alguns podem preferir investir em uma prospecção mais agressiva para captar clientes novos, com mais risco e investimento maior para trazer o paciente para o consultório, outros podem focar na fidelização e cuidar daqueles que já são pacientes para que, satisfeitos, tragam outros. Isso pode ser feito com promoções, brindes e pequenos mimos, uma revista personalizada enviada para casa de cada um, um cartão de aniversário etc. Muitos destes instrumentos ajudam a educar o paciente para a necessidade da consulta regular ao dentista, para as novas tecnologias e seus benefícios, motivando-o a voltar mais vezes ao consultório.

Mantenha-se de olho na questão ética e na criatividade ao desenvolver o material promocional, que será detalhado no capítulo 3, quando falaremos em marketing direto e seus principais veículos (a mala direta, o telefone e o e-mail marketing). Vale a pena também pensar em campanhas, pois, é claro, existem ações promocionais com retorno histórico comprovado, mas sempre com muita cautela. Importante ter ciência que dificilmente um único anúncio em mídia impressa (revista, jornal) trará retorno imediato, pois em geral são necessárias várias inserções para criar a memória da marca, curiosidade pelo serviço e oportunidade de consumo. Isso implica num investimento financeiro maior e tempo para poder medir o resultado e o retorno, então sempre pondere antes de descartar uma iniciativa e achar que não funciona.

Os jornais de bairro ou da sua cidade podem ser uma boa iniciativa. Além de anúncio simples, tente uma matéria com conteúdo informativo, dando dicas ou principalmente discorrendo sobre uma técnica que você domine e fale dos resultados, agrega muito mais valor que o anúncio sozinho. Revistas também podem ser um bom veículo, mas eu acredito que funcionem bem mais como construção de imagem e fortalecimento da marca.

Se seu negócio está atendendo e focando em classes média ou mais baixas, público C e D, uma mídia interessante é o *busmidia*, aqueles letreiros de ônibus e que também são vistos em táxis, mas é preciso ter empresa constituída e bem localizada em avenidas ou próxima aos corredores de acesso.

A febre do momento são as redes sociais; muitos colegas, principalmente aqueles que ministram aulas e querem divulgador cursos, têm me dito que o retorno é fantástico e muito maior que qualquer outra mídia.

O importante é entender que marketing não se resume a propaganda. Marketing é o conjunto de ferramentas e estratégias, e propaganda é apenas um dos canais de promoção de um serviço ou produto que pode ser realizado através de divulgação, promoção, propaganda ou rede de oferta direta, indicações ou parcerias.

Falando em parcerias, um cartão de visitas ou um belo folder com novidades e recursos avançados da sua clínica pode ser colocado internamente para seus pacientes divulgarem, ou em empresas parceiras, e ser uma ação bastante agressiva, mas menos vulnerável, já que você está oferecendo sua "casa profissional" para os amigos clientes de outra empresa parceira (o famoso "Posso deixar meu cartão ou folder aqui para você divulgar?"). Funciona, mas melhor ainda será deixar um boletim informativo (com dicas de saúde, uma técnica inovadora, cuidados com o sorriso, ações preventivas recomendadas por você com seus dados no rodapé do material). O ideal é o empresário amigo divulgar verbalmente e ele mesmo (ou seu gerente) entregar seu cartão o recomendando. Ofereça essa ação cruzada (você o recomenda e vice-versa), é bem mais eficiente e gera mais credibilidade na divulgação.

Networking

A tradução mais literal de *network* é rede de comunicações ou rede de trabalho. Já *networking* pode ser definido como a habilidade de usarmos nossos contatos diários pessoais e transformá-los, de forma natural e espontânea, em oportunidades de negócios.

A melhor conceituação que tenho de *networking* é a dada pelo professor Marcelo Miyashita que define como a "prática profissional das relações pessoais no ambiente de trabalho". Se analisarmos por essa ótica, poderemos pensar que o contato entre as pessoas no nosso ambiente de trabalho nos gerará aumento de possibilidades e oportunidades, e é fato que ser uma pessoa agradável e sociável em qualquer local é algo notável, ainda mais no ambiente profissional, competitivo e agressivo em que vivemos. No caso de uma possível indicação a um paciente, de quem vamos lembrar? De um antigo colega distante dos tempos de faculdade ou de quem é profissional competente, ético, agradável e próximo? É preciso se fazer presente.

Exercitar o *networking* pode ser simples como participar de grupos de estudo, discutir casos clínicos com colegas (ou pedir opinião de um grande especialista), frequentar reuniões das associações de classe ou confirmar presença nos encontros dos ex-colegas de turma (o que pode ser divertido, saudosista e muito interessante. Sei de vários colegas que se reaproximaram nesses eventos e estão em parcerias diversas). Então, ao participar de um curso de atualização ou um congresso, você deve estar sempre com seus cartões de visita (isso é imprescindível) e disponível para cumprimentar e sorrir, conhecer novas pessoas e mostrar interesse, perguntar sobre o outro para depois falar de você, de seu trabalho e de suas qualificações, a princípio sem nenhum outro interesse que não social, pois a troca de informações é a base do relacionamento, mas criando empatia sempre se cria a possibilidade de se gerar um convite, uma parceria, um futuro trabalho. Isso é alimentar a rede, construindo contatos novos e cuidando muito bem dos antigos.

É importante perceber que você pode ter uma grande rede de contatos, mas não aproveitar para potencializar seus objetivos profissionais. Assim, apesar de todos nós termos nossa *network*, não significa que sejamos bons *networkers*, que saibamos aproveitar nossos relacionamentos a favor de negócios e oportunidades. Uma boa notícia é que essa habilidade também pode ser desenvolvida através de cursos e técnicas de liderança pessoal, negociação e marketing pessoal. O bom *networker* é agradável, espontâneo e os negócios são consequência natural de empatia e oportunidade, não de pressão e insistência. Se você é mais reservado e tem dificuldades, comece de forma simples, convidando um colega para um café e expondo sua timidez, peça para participar de eventos – às vezes através de um amigo mais comunicativo, você pode ser introduzido em círculos profissionais e sociais. Em paralelo, vá curtindo e fazendo pequenos comentários em postagens nas redes sociais, agradeça um convite (mesmo que tenha sido coletivo), não deixe de comparecer a esses eventos, e se manifeste depois compartilhando a alegria e satisfação em ter participado, revisto colegas e desfrutado bons momentos. Também aproveite para divulgar sobre sua clínica, algum novo curso que tenha finalizado ou um Congresso importante que tenha participado.

O *networking* deve ser trabalhado a nível pessoal também, afinal seus amigos e familiares são o melhor canal de promoção e indicação potencial de novos pacientes, mas para isso precisam acreditar na sua marca (ver a explicação sobre *branding* no capítulo 3) e confiar em seu trabalho. Peça ajuda aos irmãos, parentes e amigos próximos, mostre que é comprometido, competente e comente casos de sucesso e satisfação dos pacientes com o resultado obtido. E agradeça muito sempre que conseguir uma indicação. Muitas vezes, estamos aborrecidos ou atrasados e nem percebemos as pessoas ao nosso redor, deixamos de cumprimentar nossos vizinhos, não estamos disponíveis para receber ninguém, ouvir e ajudar os outros. Mas é importante lembrar que logo ao lado pode haver um potencial parceiro (ou, por exemplo, um irmão ou amigo dele) que num futuro possa lhe introduzir e apresentar de forma muito espontânea para um emprego, um professor de faculdade ou um profissional orientador. Muitas formas de parceria podem surgir, seja direta ou indiretamente, para ajudar um amigo ou acolher um indicado seu – e nesse relacionamento espontâneo se comprova fazer os melhores contatos. Ajude sempre que possível, pensando também na reciprocidade.

Como sempre diz Miyashita, as técnicas e conhecimentos desenvolvidos nas áreas de marketing, gestão e estratégia, ao serem aplicados no nível pessoal/profissional, podem alavancar nosso desempenho junto às nossas redes. Ou seja, podemos receber e, também por outro lado, gerar mais oportunidades mútuas para nossas redes de contatos.

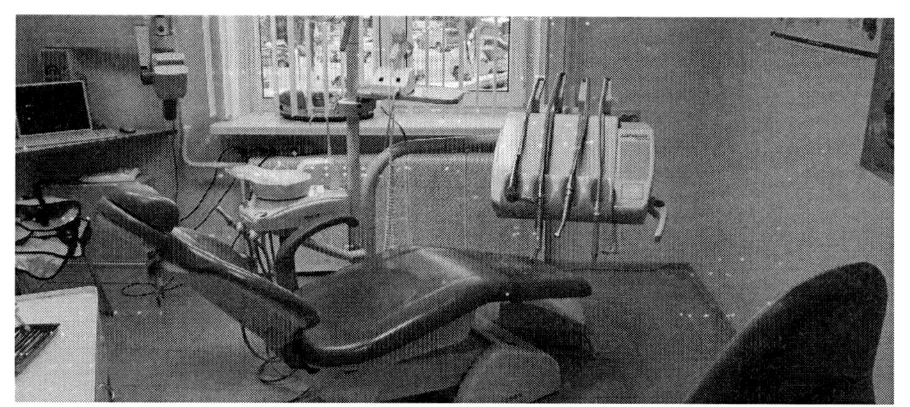

stockvault.net

Evidências físicas

Quando pensamos na construção de uma marca, seja ela qual for, temos que pensar em estratégias: a embalagem, o conteúdo, a visibilidade, a ênfase, a divulgação e a diferenciação. Ao adaptarmos os conceitos para o universo do dentista, isso pode se transformar em cuidados especiais com a apresentação do serviço e as evidências físicas relacionadas a tal.

Já vimos a importância do ponto e agora vou detalhar um pouco mais a apresentação de um consultório ou uma clínica. Começando por uma análise da entrada, o acesso à clinica já deve causar impacto positivo: a sala de espera deve ser planejada com bom gosto e de acordo com o perfil do cliente, buscando sempre oferecer conforto e diversão para os acompanhantes. Pensando em uma clínica de alto padrão cada detalhe é relevante e pode causar impacto (tanto positivo como negativo, no caso de desleixo): *layout* e mobiliário, revistas atualizadas, copeira com café ou chá de qualidade, sofás confortáveis e televisão ou vídeo. Hoje em dia a maioria das pessoas espera por um sinal de *wi-fi* disponível na recepção para ficarem conectadas com seus *smartphones* e *tablets* enquanto aguardam sua vez. Além do agrado, ajuda muito o profissional em casos de pequenos atrasos, para mantê-los entretidos. E se a clínica atende crianças ou percebe que os clientes levam os filhos, é fundamental garantir diversão para eles: desenhos animados, disponibilizar um ambiente *kids*, parede imantada ou lousa, ter alguns jogos etc. O mesmo raciocínio deve ser transposto para uma clínica popular, onde pequenas ações podem surpreender ainda mais o paciente. Colocar uma caixinha de giz de cera e folhas de papel com desenhos para colorir em uma clínica popular para entreter as crianças já daria uma boa impressão aos clientes, o custo do investimento é irrisório e atenderá às expectativas da clientela mais simples. Se usarem motivos odontológicos, ainda é possível promover entretenimento com um valor estimulante e educativo enquanto brincam (sugestão: imprima desenhos com dicas e orientação a dieta saudável e com personagens fazendo higiene bucal).

Os cuidados com as evidências físicas devem se estender ao banheiro, à copa e à sala de atendimento. Lembre-se de que os detalhes ajudam a compor a imagem positiva ou negativa do ambiente e, para construir uma boa marca, é preciso estar atento a tudo.

E os recursos tecnológicos de sua clínica, são modernos e atuais? Estão atendendo às expectativas da sua especialidade, do seu nível de pacientes? Você está acompanhando nos Congressos os lançamentos de novos produtos e soluções, sabe das tendências mundiais? Quantos anos tem seu equipo ou há quanto tempo foi a última vez que o reformou para manter o aspecto de novo?

Até os uniformes dos funcionários são evidências físicas de um profissional bem-sucedido e preocupado com seu negócio. É inadmissível não dispor de um avental ou jaleco personalizado para as assistentes. O ideal mesmo é um uniforme padronizado, mesmo que simples. Aqui, mais uma vez, funciona o olhar crítico do dentista e a inversão de papéis, que tipo de consultório eu gostaria de frequentar?

Um bom exercício seria elaborar uma descrição por escrito do seu próprio consultório. A análise crítica ajuda a rever conceitos e alterar rotas.

Estudo de caso

Francisco era um dentista da velha guarda, daqueles tempos em que ser dentista era sinal de prestígio entre os amigos, mesmo que o consultório não desse grandes resultados financeiros. Procurou ajuda especializada reclamando da crise, da perda de clientela, saudoso dos bons tempos. Mas era um quadro complicado e ajudá-lo parecia impossível. Era preciso que Francisco conseguisse enxergar a realidade e fizesse uma autocrítica para tentar encontrar os muitos erros que praticava, mas ele se mantinha alienado da real situação achando justificativas infantis para o insucesso atual como por exemplo: o constante *roubo* de pacientes pelos jovens colegas (de fato os jovens são mais agressivos, mas não seria ele que está perdendo os pacientes?), o trânsito que inviabilizava a locomoção até os cursos de atualização (óbvio que existe esse problema em cidades grandes, mas qualquer um pode se organizar para tirar um período da semana e fazer um curso de atualização semanal, ou mesmo aproveitar e fazer uma viagem para participar de um congresso), dificuldade de encontrar profissionais adequadas para trabalhar como assistentes, preferência dos pacientes por *mobiliário caseiro*...

Havia optado por montar uma clínica no bairro onde nasceu e foi criado. Foi um ponto positivo, pois tinha bons relacionamentos e a clientela veio logo. Mas apesar de ter clientes (para muitos o mais difícil de se conquistar), ele não acompanhou a evolução dos tempos, não se atualizou, não permaneceu um bom profissional e eles foram deixando o consultório. O ambiente era lamentavelmente estranho. Francisco atendia as pessoas com um avental antigo, já encardido pelo tempo, seu cachorro de estimação ficava na sala de espera e o sofá, de tecido verde e antigo, compunha, juntamente com o tapete azul, um conjunto nada convidativo (usava mobiliário antigo de sua casa para aproveitar e decorar sua sala de espera). Enfim, o problema não era só mau gosto, mas desleixo mesmo. As paredes do local estavam descascadas e Francisco definitivamente não estava preocupado com a biossegurança e higiene. Há anos mantinha a velha estufa e só usava álcool, pasmem, para fazer a desinfecção. Esse profissional faz por merecer o sucesso (e seu registro profissional?) e quer mesmo dar certo?

freeimages.com

Preços

Não há fórmulas prontas para definir preços e nem modelos a serem aplicados na hora de calcular as tabelas. A formação do preço está diretamente ligada à situação política, social e econômica do país e o valor necessário para subsistência tem relação com a formação do profissional e sua situação de vida. Um sujeito recém-formado necessita de uma quantia para viver, já outro, com 40 anos, que já passou por dois casamentos e tem três filhos, precisa de bem mais. Então os rendimentos são de valor subjetivo e os preços têm uma lógica matemática, mas que, em última análise, acompanham a praça e variam de profissional para profissional.

Podemos pensar no preço de um consultório fazendo uma analogia com um hotel. Para manter as portas abertas e estar sempre pronto a receber hóspedes – com roupas lavadas, despensa abastecida, funcionários capacitados, impostos em dia, publicidade e promoções, um hotel consome uma determinada quantia fixa de recursos, independente de contar com 10, 100 ou 1000 hóspedes naquele período. A grosso modo, podemos dizer que, dividindo esta despesa fixa pelo número de quartos, cada um deles custa uma determinada quantia em reais, com ou sem hóspedes. Ou seja, ocupado dá lucro; vazio, prejuízo. O mesmo acontece com um consultório ou com uma clínica: para alugar um espaço, pagar o salário de uma secretaria, custear a manutenção dos equipamentos e comprar produtos é preciso uma quantia *x* de dinheiro. É o custo fixo, do qual não se pode fugir, calculado de maneira simples, somando-se os gastos constantes para a clínica operar. Para cobrir estes custos e dar lucro é preciso aumentar a produtividade, reduzir os períodos ociosos e controlar bem a agenda, garantindo um melhor aproveitamento de todos os recursos, tempo, equipamentos e pessoas.

E pensar em preço requer também uma certa dose de maturidade, especialmente no começo de carreira. Quando alguém da família se forma dentista, é comum irmãos e parentes lotarem o consultório e, dependendo das relações familiares, o atendimento gratuito é a alternativa óbvia, certo? Errado, o trabalho envolve despesas e o dentista pode doar seu trabalho a um parente, se deseja, mas nunca pagar para tratar dos seus dentes. Muito menos em começo de carreira. Isso afeta a produtividade do consultório e faz o balanço do fim do mês não fechar. Bons descontos e franqueza na hora de falar sobre esta questão evitam problemas familiares e de gestão para o consultório.

E mais, dar descontos em honorários é algo bem complicado. O melhor é evitar sempre porque desvaloriza o serviço. Porque alguém que estava cobrando 3 mil reais por um tratamento de repente aceita fazer pela metade do valor? O paciente pode concluir que os 50% era lucro! Tenha em mente que os honorários são o seu valor e reduzi-los drasticamente pode desmerecer seu trabalho e a sua qualificação. Parcelar o pagamento ou dar descontos de até 10% para quem quitar à vista são as melhores alternativas. Outro detalhe fundamental: nunca negocie o preço em função da emissão ou não do recibo. Pagar impostos é obrigação e faz parte do perfil de um bom profissional, assim, no preço, o custo dos tributos já deve estar sempre previsto. Isso é uma atitude ética. Se o paciente insistir pelo desconto e argumentar que não precisará de recibo, é uma decisão pessoal de foro íntimo, mas arriscada, pois, na declaração anual de IR, ele pode se "esquecer" do acordo e declarar tudo que foi pago ao profissional e você terá que honrar com os impostos. Vai reclamar para quem que foi enganado porque pensou em ludibriar a Receita Federal?

Alguns procedimentos, por outro lado, ajudam a ter uma ideia de quanto cobrar para tornar o consultório rentável. Um caminho seria colocar no papel os gastos fixos (aluguel, salário dos colaboradores, telefone etc.), os gastos variáveis (viagens, congressos, material odontológico etc.)

e o lucro, ou seja, quanto o profissional precisa para viver e investir na carreira. Os três itens somados dariam o valor necessário para manter o consultório e progredir. Bastaria então dividir este valor pelo total de horas trabalhadas semanalmente. Assim, o profissional saberia quanto precisaria ganhar por hora para perfazer aquele valor no fim de 30 dias.

PREÇO = CUSTO FIXO + DESPESAS VARIÁVEIS + "RETIRADA" + LUCRO

Não podemos deixar de prever os feriados, possíveis manutenções preventivas ou quebra de equipamentos, cancelamentos, que podem chegar a surpreendentes 30% dos horários marcados. E mais, os dias úteis variam de 18 a 22 dias a cada mês.

Parece simples, mas, na prática, não é tão matemático. Há vários fatores que interferem e não há como neutralizá-los. Para facilitar, recomendo oito medidas básicas:

1) **Posicionamento pessoal**: Quanto você precisa para viver hoje e quanto investiu (e precisa recuperar) na sua carreira? São dois números distintos, o retorno do investimento pode ser em médio prazo.

2) **Adequação ao mercado**: Onde decidirá abrir seu consultório ou clínica e qual seria o preço compatível com a região e a estrutura criada?

3) **Composição de renda**: Será que não existe uma forma de ajudar a compor a renda, pelo menos no início da carreira, até o consultório decolar? Você pode fazer isso com um emprego de meio período, plantões ou com a locação de algumas horas do consultório a um outro profissional, por exemplo.

4) **Aprender a lidar com o dinheiro**: O consultório odontológico precisa ser visto como um negócio. Será que você sabe cuidar do dinheiro, investir, aplicar e planejar o futuro? Se não sabe, pode buscar ajuda, sugestões de leituras e dicas de finanças pessoais e investimentos que vão ajudar.

5) **Estimar uma receita mínima:** Usando as fórmulas básicas, você pode calcular os gastos e a expectativa de ganhos para ter uma ideia do custo da hora de trabalho. Já vai ser uma referência.

6) **Nunca usar a conta da clínica para despesas pessoais**: É uma regra básica que quase ninguém respeita. Separe suas contas pessoais em uma conta bancária diferente da conta da clínica. Assim você terá claro se a empresa está indo mal ou se você que está gastando sem controle.

7) **Contar com o imprevisível:** Nunca deixe de contabilizar um extra, levar em conta o inesperado, um acidente, quebra de equipamentos e problemas de manutenção. Incluir isso na previsão de orçamento ajuda a torná-la mais realista.

8) **Adequar o padrão de vida ao momento profissional:** Um passo de cada vez ajuda a chegar aonde queremos. Se o profissional está em começo de carreira, tem que se contentar com um carro mais modesto ou seminovo e nunca se endividar além do possível para ter na garagem um último modelo e ostentar sem lastro. Viver dentro das possibilidades orçamentárias é essencial para crescer solidamente.

9) **Manter o foco:** Coloque um olhar no futuro e outro no dia de hoje, no momento atual, reduza os custos sempre que possível e siga em frente com objetivos e metas.

DICAS PRÁTICAS:

• Se for jovem e a família estiver de acordo, não saia da casa dos seus pais antes de poder se sustentar. Agradeça a eles sempre pela ajuda. A Odontologia é uma das carreiras mais caras do mercado!

• O jornal britânico *Daily Mail* desenvolveu um estudo e conseguiu comprovar através de pesquisa com 4,5 mil casais que as finanças causam um estresse enorme, sendo um dos principais motivos para o divórcio na Inglaterra e, com certeza, isso deve se repetir pelo mundo. Por isso, desenvolva desde o começo do relacionamento um diálogo aberto e franco sobre dinheiro, a comunicação é o melhor caminho para construção de uma parceria sólida e para acharem juntos a solução numa eventual crise financeira.

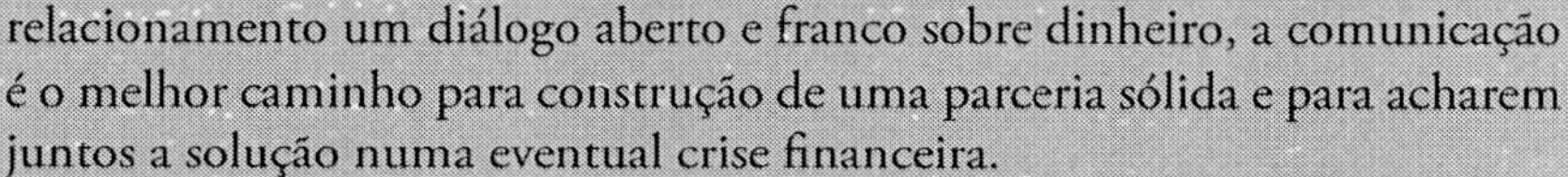

• Não comece a carreira arriscando, mesmo que tenha ganhado um consultório completo dos pais. Busque uma renda fixa, por menor que seja, um estágio, emprego em sindicatos, convênios, auditorias etc.

• Procure apoio dos profissionais mais maduros, eles podem ser seus mentores, compartilhar suas experiências e dar orientações, até mesmo gerar oportunidades e passar serviços que já não fazem mais e, assim, você começa a formar uma carteira de clientes.

EXERCÍCIO

Siga a listagem de processos e desenvolva um estudo detalhado sobre cada item do mix e matrix de marketing para um diagnóstico apurado da sua realidade. Assim você será capaz de planejar ajustes, melhorias e implantar as mudanças necessárias para o seu progresso.

Produto	O que preciso melhorar como profissional: cursos de atualização, especialidades, diferenciais competitivos que possam me ajudar a aumentar competências e credibilidade junto aos pacientes e colegas de profissão.
Ponto	Localização da clínica ou consultório: escolha do ponto ideal ou ajustes em evidências físicas que possam valorizar meu local de trabalho. Visibilidade, inovação, recursos tecnológicos, conforto.
Preço	Estou cobrando direito? Reservo uma retirada adequada à minha realidade e às minhas necessidades? Componho minha renda?
Promoção	Qual a melhor ferramenta para meu caso? Vale a pena utilizar propaganda? Quais mídias devo usar? Quanto custaria cada campanha? Devo usar um assessor de imprensa? Como melhorar minha promoção boca a boca?
Pessoas	Em função do meu perfil e minha personalidade, qual o perfil ideal da equipe para contratar e ajudar a equilibrar competências? Como e o que treinar para melhorar o atendimento? Consigo essa mudança sozinho ou preciso recorrer a empresas de treinamento?
Produtividade	Qual a minha capacidade máxima de atendimento por período mantendo (ou melhorando) a qualidade dos serviços prestados? Quanto investir numa auxiliar de sala pode agilizar e alavancar meu negócio?
Processos	Os processos internos de atendimento estão otimizados? Como melhorar? Tenho manuais descritivos por setor da clínica em caso de substituição na equipe? Meus fornecedores são eficientes e me ajudam? Tenho alternativas?

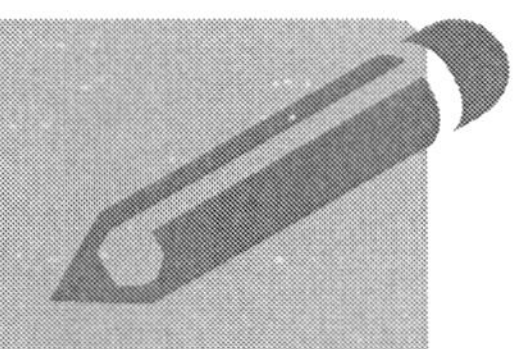

PDCA	Tenho me empenhado em melhorar processos com falhas identificadas? Costumo fazer planejamento e verificar minhas ações de marketing ou relacionamento? Sei se estão dando resultado?

Liste sua rede de contatos pessoais e profissionais, e verifique eventos e cursos importantes para aumentar o potencial de indicações, e depois faça um diagnóstico de relacionamento e de habilidade em vendas através das suas redes de contato (*network*), conforme o quadro abaixo e defina as ações necessárias para aumentar sua visibilidade e potencial de indicações.

Network 1 Profissional	Tenho alguma especialidade em que me destaque? Quem são meus colegas de profissão que poderiam indicar pacientes? Estou bem avaliado? Mantenho um bom relacionamento? Agradeço a cada indicação que recebo?
Network 2 Amigos e parentes	Meus amigos e familiares me ajudam com indicações? Conhecem meu trabalho e especialidades? Já foram atendidos por mim? Aprovaram meu atendimento?
Network 3 Comunidade	Participo frequentemente de eventos, encontros sociais para me fazer lembrado? Participo de clubes, associações ou atividades sociais que possam me alavancar indicações?

DIAGNÓSTICO:

( ) Tenho alto potencial de relacionamento e vendas

( ) Tenho mediano potencial de relacionamento e vendas

( ) Tenho baixo potencial de relacionamento e vendas

A partir do diagnóstico, estabeleça quais ações podem melhorar (ou manter) sua *network* ativa e atuante para ajudá-lo nas indicações:

Ações incrementais	Preciso investir em ... (listar ações necessárias para aumentar sua rede de contatos e potencial de indicações).
Agenda	Listar as ações prioritárias e eventos nos quais devo me fazer presente e aumentar minha *network*.

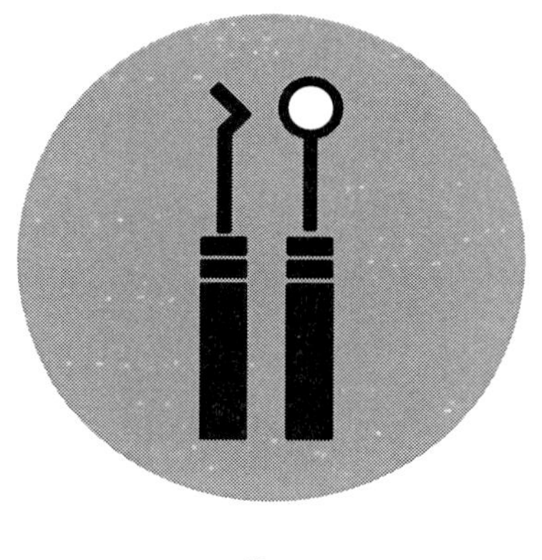

Capítulo 3

Ferramentas de marketing

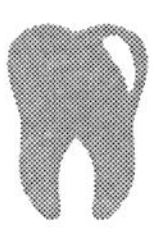

Se todo o conteúdo apresentado nos capítulos 1 e 2 foi cuidadosamente observado, a lição de casa está feita. Ou seja, o dentista está bem preparado para atender o cliente e o negócio, seja no consultório ou na clínica, tudo funciona bem, pois o profissional produziu com qualidade, está sendo capaz de tirar o melhor das relações humanas, promove adequadamente o produto, tem preço compatível com o mercado em que está inserido e o cliente vê valor naquilo que é convidado a pagar. Em outras palavras, o dentista faz o *check list* e tudo está ok: pode ir para casa contente, pensando "eu sei conquistar clientes". Mas por quanto tempo os clientes permanecerão comigo?

A partir de agora, tratarei de outro momento da vida profissional do dentista e de qualquer prestador de serviços, falarei sobre satisfação e fidelização do cliente. É importante, claro, conquistá-lo, mas ele precisa voltar para casa satisfeito pelo serviço realizado não só para que retorne mais vezes como também para que indique outros clientes, gerando assim uma rede de indicações que garanta a rentabilidade do negócio, tema do quarto capítulo. Eu sempre digo que tudo o que um jovem recém-formado precisa é conquistar o primeiro paciente, basta que entre um para começar uma progressão de outros (leia no último capítulo a história do Alenio Mathias e entenda melhor do que eu estou falando).

Portanto, quando se pensa em fidelização do cliente, o olhar tem que ser um pouco mais amplo, não se pode ficar preocupado apenas em ganhar dinheiro, pagar as contas e encerrar o mês. O cliente precisa enxergar o dentista como um profissional da saúde e não um vendedor de serviços. Na Odontologia, nunca é demais lembrar que trabalhamos com o sistema estomatogmático, responsável por diversas funções: a alimentação, expiração, deglutição, fonação, articulação (ATM), integração com outros sistemas, comunicação e ainda é a porta de entrada de várias doenças. Sem mencionar a estética, uma vez que a tendência é a busca cada vez maior por seu equilíbrio, tanto em razão da velocidade de informação, fruto da globalização, quanto dos novos recursos ligados à autoestima e cuidados pessoais. Assim, a fidelização deve se basear no comprometimento da profissão, nos ideais e na busca pela satisfação do cliente.

Enfim, para seu conhecimento, o ciclo clássico do marketing só será verdadeiro se obtivermos êxito em todas as etapas: gerar demanda (ou criar vontade/necessidade), pesquisar e ter oferta (haver profissionais disponíveis), efetivação da compra de fato (inclui a negociação e pagamento), efetuar a troca (entrega de um bom produto ou serviço pelo valor acordado/negociado) e, finalmente, satisfação do cliente (aprovou o resultado). E para obtermos sucesso nessa empreitada, temos que entender como o marketing é aplicado ao profissional da saúde, em especial ao cirugião-dentista, recorrendo a mais algumas ferramentas de marketing que serão detalhadas a seguir.

Marketing aplicado à Odontologia

Ao longo dos anos, o conceito de marketing foi mudando. Nos anos 1920, com Henry Ford e a produção em série, a proposta era criar o objeto do desejo para estimular o consumo. No Pós-Guerra, nos anos 1950, com o objetivo de seduzir as massas e despertar o desejo de compra de um determinado produto para reaquecer a economia recessiva, surge o marketing de produto. Depois, com a globalização, início dos anos 1990, destaca-se uma nova visão de marketing, voltada para a segmentação de mercado e marketing de produtos, que visa atender às expectativas do mercado, nessa ocasião, bastante mudado no Brasil com a chegada dos produtos importados. Começa aí a observação da resposta direta e do comportamento do cliente.

Entramos nos anos 2000 com algo mais direcionado, o marketing eletrônico, em busca dos nichos de mercado, e o marketing de serviços com a proposta de atender às necessidades do cliente. É a era da globalização, da web, das múltiplas escolhas, das ofertas, da alta velocidade de informação e dos recursos ao alcance de todos. Isso aumenta o interesse, mas também a cobrança e as distorções de conteúdo. O consumidor busca informações na internet sobre um determinado serviço e já chega com alguma expectativa. É preciso trabalhar bem as ansiedades e os erros.

O marketing voltado para verificar o grau de satisfação pode ser aplicado por meio das ferramentas já utilizadas no esforço de conquista do cliente. A rigor, a venda de um serviço foi efetuada, o serviço foi entregue e medir a satisfação é se preocupar com o pós-venda. Isto é relacionamento com o paciente.

Quando você compra um carro, por exemplo, e semanas depois um representante da montadora de veículos entra em contato por telefone para saber se está satisfeito com a aquisição, trata-se do pós-venda. Como isso é tratado no consultório? É bom que uma restauração não incomode nem caia, mas, se acontecer, o paciente encontra o dentista facilmente para ajustá-la ou refazê-la? Mesmo nos fins de semana e feriados? Nos casos de cirurgia, a secretária está orientada a ligar para o paciente e saber como ele passou a noite? Para aquele paciente mais inseguro e preocupado, o dentista fornece telefones de contato para emergências? Tudo isso precisa ser planejado e faz parte do processo de fidelização do cliente. Na prestação de serviços odontológicos, há dois momentos importantes e é sempre bom lembrá-los. O primeiro é o clássico momento do espelho, o cliente olha e fica satisfeito com o serviço realizado. O segundo é em casa, quando a esposa, o marido, os amigos veem o resultado e tecem seus comentários, capazes muitas vezes de fazer o cliente mudar de ideia em relação à avaliação inicial. E o dentista precisa monitorar esta satisfação, pois se o paciente, depois dos comentários da família, não está mais tão contente com o resultado é hora de chamá-lo para um ajuste, isto é, é hora de cuidar do pós-venda.

Como o dentista não sabe prever essa possibilidade, precisa prover soluções para ser capaz de identificá-la. Há várias maneiras de fazer isso, com um telefonema posterior, com o oferecimento de uma consulta gratuita em um prazo de duas semanas (retorno para controle pós-operatório) ou até com a oferta de uma limpeza sem custos em 30 dias. Estamos falando em vantagem competitiva, em gestão estratégica. Em um mercado tão disputado, em que vários dentistas atuam na mesma região da cidade, muitas vezes em um mesmo edifício, em que todos são igualmente bons e têm preços semelhantes, um profissional pode se destacar com o melhor atendimento. No longo prazo, uma imagem vai sendo construída, o profissional torna-se preferido não apenas porque é o melhor do ponto de vista técnico, mas porque oferece o melhor atendimento. A situação acontece em todos os tipos de clínicas, das populares às sofisticadas e até no serviço público. Basta observar que os pacientes sabem recomendar em um posto de saúde aquele profissional que trata melhor dos dentes "sem doer" ou é mais carinhoso e atencioso com os que buscam tratamento.

freeimages.com

Personal branding

Para simplificar, podemos dizer que *personal branding* é a construção da sua marca individual, desde seu posicionamento profissional e competências até os mínimos detalhes, reflexo de tudo o que você faz e aparenta ser aos outros, ou seja, é administrar e potencializar sua imagem de marca pessoal, ampliar seu valor no mercado e construir aquilo que é mais sagrado no mundo das marcas: reputação. O seu marketing pessoal é uma conjunção de aparência, técnica, credibilidade, imagem, percepção e atitudes construindo uma marca pessoal: você. O que você mostra como marca? Como as pessoas o percebem? Você seria uma marca *top* ou popular? É desconhecida ou reconhecida? Tem conteúdo, cuida da aparência, da saúde? É especialista em algo? É formador de opinião, tem poder de influenciar pessoas ou colegas, é participativo?

O dentista vai buscar estratégias que o ajudem a aumentar a sua visibilidade e aceitação, fortalecendo sua imagem como profissional diante dos colegas e clientes. Aqui todo cuidado é pouco porque nem sempre temos a oportunidade de consertar um estrago, aquela máxima de que a primeira impressão é a que fica deve ser sempre nossa bússola, pois às vezes não temos a segunda chance de desmanchar uma má impressão e um potencial paciente pode simplesmente não sentir mais confiança em seus serviços por uma atitude extraclínica que ele julgue inadequada. Lembre-se sempre de cuidar da sua imagem interna e externa (afinal suas atitudes sociais também são analisadas pelos pacientes e colegas).

Estudo de caso

Para qualquer profissional bem-sucedido, ter cuidados com a saúde é fundamental e, muitas vezes, obrigatório, já que a rotina diária é extremamente pesada. Pensando nisso, Regina sempre fazia seus exercícios matinais. Gustavo, um paciente antigo e amigo de escola, era atendido aos sábados. Regina disponibilizava esse horário para ele, já que era um ocupado executivo e não tinha tempo disponível durante a semana. Até que um dia, Regina deu azar. Gustavo levara sua namorada (famosa *socialite*) para conhecer a tal dentista de que tanto falava e divulgava os serviços a amigos e parentes. Preparada para ir à ginástica logo após a consulta do amigo, Regina estava a caráter: calça de *lycra*, moletom, boné. Vestimenta totalmente inadequada para quem iria atender porque ela imaginava que teria tempo de colocar o jaleco sobre a roupa antes da chegada do paciente. Não deu certo. Prato cheio para as críticas. A namorada de Gustavo olhou-a de cima a baixo e comentou, sem nenhum pudor: "É essa sua dentista?", disse com o ar de indignação, já que Gustavo tanto elogiava sua competência e postura. Para a namorada, no mínimo, ao chegar ao consultório, Regina deveria estar pronta para atendê-lo. E a dentista, sentindo-se acuada e percebendo que precisaria reverter a primeira impressão (péssima) da namorada, foi educada, pediu desculpas pela ausência da assistente que os acolheria e disse que logo estaria pronta. Vestiu o jaleco longo com as referências pessoais bordadas e com o logo da universidade que lecionava, prendeu os cabelos com a touca, usou máscara, propé. Paramentou-se. Novamente cordial, desculpou-se mais uma vez, fazendo-a pensar que aquilo nunca tinha acontecido, e melhor, Regina sabia que nunca mais poderia acontecer. Apesar do mal-estar inicial conseguiu reverter o quadro e garantir a fidelidade e a satisfação do cliente.

Para pensar em criação de uma marca, em *brand*, podemos encarar a seguinte situação: o profissional define o perfil do consultório ou clínica em que deseja trabalhar, investe em formação, ponto, pessoas, produto, ou seja, ele faz escolhas. Depois, é hora de assumir tais escolhas e tomar posse do estilo criado, como se fosse uma embalagem, em que contam a aparência do profissional, a postura, a saúde e até o vocabulário usado. Um dentista com os dentes mal cuidados nunca será bem-visto, assim como um cabeleireiro com os cabelos desleixados ou um cardiologista que fume desbragadamente, simplesmente não convence. Alguém que use palavras chulas em um ambiente refinado ou que seja extremamente técnico diante de um paciente humilde também está fazendo pouco ou quase nada para criar uma boa imagem de si mesmo. Para alguns estudiosos, o conteúdo desta "embalagem" é composto de 10% de habilidades, 20% aperfeiçoamento e **70% de atitude**. Pouco adianta ter títulos e diplomas expostos na parede se falta postura profissional, ética e atitude positiva. No mundo dos negócios, vale a máxima de que o segredo do sucesso é a habilidade de atendimento e encantamento do cliente.

E relembrando que suas atitudes fora do consultório também serão monitoradas por todos a sua volta, desde seus familiares até colegas e pacientes. Quem vai indicar alguém que não confie ou não sinta admiração, respeito? Não esqueça que sua conduta em momentos de lazer pode prejudicá-lo (exagerar na balada, ficar de porre no churrasco de reencontro dos colegas de faculdade, brigar feio em reuniões de condomínio ou com a família, discutir de forma destemperada em ambientes públicos...). Tudo pode ser usado contra sua imagem. Atitudes positivas e sensatas são a lei para se construir uma marca sólida e respeitável.

Além disso, é preciso investir em visibilidade. O cliente precisa saber quem é o dentista que ele escolheu. Entram aí detalhes na autopromoção, como já citei no capítulo anterior (um pouco de fotos no Instagram ou Facebook participando de um evento importante ajuda, por exemplo), papelaria e apresentação do consultório: uma logomarca para a clínica, bloco de receituário personalizado, cartões de agendamento de consultas, cartões pessoais, websites na internet (o cartão de visitas eletrônico), e-mail para contato e divulgação de eventuais artigos publicados em revistas especializadas ou de trabalhos apresentados em congressos. Se você tem artigos ou experiência clínica, um assessor de imprensa pode ajudar muito a promover e divulgar sua marca. Tudo agrega valor à imagem do profissional.

Ao mesmo tempo, o dentista precisa mostrar aos pacientes os serviços oferecidos através de folhetos, folders informativos ou malas-diretas, não só para que ele mesmo se interesse por um clareamento a *laser*, por exemplo, mas para que possa indicar o serviço a um colega. Isso ajuda a criar a *network*, a rede de indicações tão almejada.

Chegamos então à necessidade de diferenciação. O profissional tem que ser capaz de criar um estilo próprio, apresentar vantagens competitivas e, com isso, assumir a liderança. Para o paciente, o seu serviço tem que sempre parecer a melhor escolha, sem sombra de dúvida. Isso não se faz apenas com investimento em tecnologias ou em formação, mas investindo em relacionamento. Ele é a chave do sucesso: liderar pessoas, encantar clientes, construir rede de contatos sociais e profissionais, alimentar as conquistas com atitudes positivas.

É importante ressaltar que às vezes você pode fazer tudo certo e obter uma marca sólida, respeitável, mas se perder exatamente no sucesso. Por isso é preciso cuidar da imagem e preservar a boa marca construída com tanto empenho e carinho.

E ainda sobre "se perder no sucesso", atenção ao descuido da marca: infelizmente, tenho colegas que se perderam ao chegar no topo, não souberam administrar o sucesso e hoje estão sendo malvistos, sofrendo o que chamamos de *sabotagem ou desconstrução da marca*. Colegas de profissão que antes os admiravam agora não validam mais o mérito técnico deles (até porque temos muitos outros bons profissionais para referenciar) e começam uma sutil (ou ostensiva) cruzada depreciativa, isolando-os do convívio social, parando de promovê-los e não ajudando mais a divulgar seu trabalho. Esses profissionais "isolados" e bem-sucedidos muitas vezes nem percebem essas ações, pois não têm tempo para dialogar, ou estão muito preocupados com os holofotes e em se manter em evidência, não dando valor aos menos favorecidos. Se for o seu caso, tome cuidado – e vai uma dica preciosa: relacionamento é tudo em marketing e se reflete na vida. Os arrogantes ficarão cada vez mais sozinhos em seus castelos de glória e os amistosos sempre terão quem os ajude nas dificuldades.

Enfim, faça o exercício de se colocar no lugar do cliente e tente imaginar o que ele pensaria quando chegasse ao seu consultório. Seja crítico (muito crítico!) e lembre-se de que o grau de exigência das pessoas anda muito acima do normal. Basta uns fios de cabelo no piso branco da recepção de uma clínica para o lugar ser taxado de sujo. Você deve checar, ou ter alguém responsável por verificar todos os itens e corrigir constantemente os processos e detalhes do dia a dia: desde o uniforme e aparência dos funcionários (afinal, eles são a extensão de sua clínica), banheiros, esterilização, papel de baixa qualidade, gritaria na recepção, discussões e até barracos que devem ser neutralizados. Tudo isso precisa ser evitado e o comportamento pode ser treinado para atingir um padrão de qualidade.

freepik.com

Endomarketing

Em um consultório com postura empresarial para encantar e conquistar pacientes, parceiros e ser reconhecido é essencial desenvolver e valorizar a comunicação, preferencialmente de forma integrada. Uma das formas de fazer isso é trabalhar o seu público interno. Endomarketing é uma prática corporativa que adapta estratégias e elementos do marketing tradicional para o público interno de uma empresa. A opinião dos funcionários e colaboradores influencia diretamente a opinião do cliente externo, ou seja, os potenciais clientes e os pacientes ativos da sua clínica estarão sempre sofrendo a influência (positiva ou negativa) de sua equipe interna de trabalho, por isso é tão importante uma equipe bem treinada e informada, capaz de esclarecer dúvidas e dar informações pertinentes. Isso valoriza seu negócio, melhora a imagem (marca) da clínica e potencializa resultados no geral.

Um artigo publicado em outubro de 2013 no site de gestão de negócios (*pensandogrande.com.br*) sugere algumas ações de marketing para estimular o ambiente dentro da empresa, motivando as pessoas, aprofundando o compromisso com a empresa e fortalecendo os laços internos.

Você pode aplicar alguns exemplos de ações de endomarketing na sua clínica e obter maior comprometimento da equipe.

- Comunicação interna: é possível criar canais de comunicação, em uma via de mão dupla (na qual a empresa fala e também escuta o colaborador). Alguns veículos comuns são os boletins informativos, mural, jornal interno e intranet.
- Pesquisa de satisfação ou de clima: costuma ser realizada semestral ou anualmente e permite que os sócios avaliem o clima organizacional da empresa, pontuando falhas na comunicação ou potenciais problemas com seus funcionários.
- Eventos: *happy hour* e encontros extra-trabalho, como as festas de final de ano, são alguns dos casos mais comuns, mas também é interessante ir além e criar atividades complementares aos objetivos específicos da clínica. Exemplos: grupo de encontro para promover o aprendizado coletivo

e o trabalho colaborativo; grupos de corrida ou de exercício coletivo, para estimular o sentimento de ultrapassar obstáculos; grupos de auxílio a entidades carentes ou de reciclagem, para incentivar o pensamento sustentável e social. As alternativas devem ser personalizadas de acordo com seus valores, expectativas e perfil de sua equipe.

- Palestras/eventos motivacionais: em momentos de desafio, mudança de direção ou meta agressiva, as palestras motivacionais funcionam como um combustível a seus funcionários.
- Benefícios: os mais comuns são vale-alimentação, transporte e assistência médica, mas existem outros que podem ser oferecidos aos colaboradores, dependendo do perfil e estrutura da sua clínica. Há a possibilidade de organizar horários de trabalho alternativos ou flexíveis, creche ou vale-academia, vale-beleza ou vale de massagem rápida. Isso estimula a qualidade de vida e permite uma flexibilidade na vida pessoal que fará toda a diferença na forma como seus funcionários o enxergam.

Em resumo, ao comunicar corretamente os valores da sua empresa, motivar seus funcionários e estabelecer ações que estimulem o sentimento de pertencimento à organização, você estará fomentando fãs naturais da sua marca. E os funcionários são alguns dos melhores porta-vozes que uma empresa pode ter.

Benchmarking

O *benchmarking* pode ser explicado como uma ferramenta que usamos para nos espelhar num colega ou concorrente com intenção de troca de conhecimento, para aprendizado, e vale para todas as áreas. O conceito formal é mais técnico, envolve um estudo realizado através de pesquisas para comparar as ações e resultados de cada empresa com o objetivo de melhorar as funções e processos internos e analisar as estratégias do concorrente para permitir que a outra empresa possa criar e ter ideias novas em cima do que já é realizado com sucesso. Serve também para nos lembrar de que não estamos sozinhos no mundo, não somos os únicos a ter boas ideias e precisamos observar a concorrência. O que os colegas estão fazendo nas clínicas em termos de marketing e que está trazendo bons resultados? Que projetos podem ser aproveitados em meu consultório ou clínica? Não se trata de copiar a concorrência, mas observar, trocar experiências e aprender com os erros e acertos do outro. Não há perigo de perder a clientela ou ficar para trás, porque cada negócio é único, cada consultório ou clínica tem seu próprio perfil, uma vez que envolve pessoas com características, especialidades e habilidades diferentes, e comportamentos variados. A troca e adaptação individual são ricas, trazem vantagens para todos.

O *benchmarking* pode ser feito de maneira informal, durante um café com os conhecidos, ou de maneira mais formal, através de grupos de dentistas que se reúnem de tempos em tempos para ver as estratégias de cada um, rever táticas e aprender. O ambiente de trabalho ou a rede de relacionamentos às vezes favorece esta prática.

Mas nada impede um dentista de bater na porta de um concorrente que está com o consultório sempre lotado ou de uma clínica que tem conseguido um movimento surpreendente. Sem esquecer da humildade, claro, pois ela é requisito básico, e não apenas para a prática do *benchmarking*, mas para o sucesso profissional em qualquer área.

No começo pode parecer estranho procurar um concorrente para a troca de ideias, porém, com os resultados, a tendência é o dentista ficar cada vez mais animado. Ofereça sua especialidade e sua clínica para algum encontro ou palestra, introduza o conceito de troca. Experimente.

Estudo de caso

O dentista Nelson sempre teve consultório no centro de uma cidade do interior, com ótima localização próximo ao comércio e onde muitos de seus colegas trabalhavam. Todos os dias trocavam experiências, discutiam casos clínicos, combinavam viagens para congressos. Um dia Nelson resolveu se mudar para um novo bairro mais distante do centro com boas perspectivas, pois o poder aquisitivo dos moradores locais era alto.

Essa ideia, a princípio, deu um novo ânimo para ele. Um novo escritório, uma nova rotina, isso o alegrava. Mudou-se para uma região nobre da cidade, onde os clientes se concentravam. Supriu a necessidade deles, mas não a sua. As conversas diárias com os colegas faziam falta, sentiu-se deprimido e desanimado. Além do isolamento, com o fim das discussões de casos clínicos, perdeu muito conteúdo de outras especialidades.

Então decidiu voltar para seu antigo endereço e manteve as duas salas, assim tinha como atender à nova demanda, mas retomou a alegre convivência e camaradagem do centro. Porque a realização profissional também tem um componente emocional e a convivência com os colegas dava muita energia e ânimo a Nelson.

freeimages.com

Database MARKETING

A tecnologia avançou muito nos últimos anos, porém, mesmo assim, alguns dentistas ainda pensam duas vezes na hora de investir tempo e dinheiro em um bom sistema de banco de dados. Falta perceber, às vezes, que esse é um dos investimentos mais importantes no esforço de fidelizar o cliente.

Um bom banco de dados deve conter todas as informações relacionadas ao cliente: dados cadastrais atualizados, anamnese, histórico e perfil. Ou seja, nome, endereço, telefones, e-mail, data das últimas consultas, tratamentos feitos, valores pagos, problemas detectados e o perfil do paciente para facilitar contatos futuros (psicológico, social e financeiro). Com um bom banco de dados, por exemplo, posso reaquecer minha agenda ao fazer uma lista dos pacientes que não vêm ao consultório há mais de seis meses e mandar uma cartinha, oferecendo uma limpeza e sinalizando a importância de controlar e manter o serviço realizado sob monitoria constante.

Posso listar aqueles clientes que pareciam interessados em fazer clareamento e entrar em contato para dizer que há uma nova técnica mais moderna e mais econômica à disposição. Ou seja, com informação organizada, o dentista tem a oportunidade de pensar em várias ações de marketing e ir bem além do clássico cartão de feliz aniversário ou de boas festas. É o marketing de relacionamento, o *Costumer Relationship Management* (CRM) aplicado à realidade do dentista.

A ferramenta pode até ser criada da maneira mais rudimentar possível, por meio das clássicas fichas de papel, preenchidas à mão, mas você, com certeza, terá dificuldades em controlar as informações, principalmente dos pacientes inativos. Em programas de computador, básicos como o Excel ou similar, você já organiza melhor os dados, mas já existem softwares específicos, alguns criados exclusivamente para o mercado odontológico, e as versões *on-line* (na nuvem) são bastante acessíveis. Ou ainda, o profissional pode solicitar a criação de um programa personalizado e adaptado à realidade da clínica, com acesso via internet, espaço para o paciente em uma intranet e outras sofisticações. Muitas redes de franquias e coparticipações já têm seu sistema gerencial próprio. Nessa questão, vale a pena analisar as opções e verificar a que representa melhor custo/benefício. O importante não é ter somente um banco de dados moderno ou sofisticado, e sim atualizado e fácil de usar, caso contrário, não faz sentido. Lembrando que os funcionários devem ser treinados para utilizar corretamente o programa.

Atualmente, há recursos nestes bancos de dados que auxiliam na redução de custos, como o envio de apenas uma correspondência/um informativo quando os endereços se repetem (no caso de uma família inteira de pacientes). E, ao mesmo tempo, possibilitam a classificação dos clientes, com criação de uma espécie de pirâmide, facilitando a identificação do nicho que mais interessa ao profissional.

Se souber usar os dados de que dispõe, perceberá um retorno com economia de tempo, redução de custos e objetividade nos contatos.

DICA

Não é necessário ser um *expert* em informática, basta um pouco de dedicação ou um curso básico de Excel, o programa da Microsoft para elaboração de planilhas. Depois, apenas ative um móduio chamado "autofiltro" no computador e já será possível iniciar o gerenciamento dos dados e criar um mini CRM – um gerenciamento de relações com o cliente.

Atualmente os softwares odontológicos, também na versão on-line e com back-up na nuvem (*cloud*), têm um custo mensal bastante acessível e contêm todas as ferramentas de gestão, administração e relacionamento que um profissional precisa para cuidar bem do seu consultório. Inclusive a maioria oferece treinamento gratuito para os funcionários aprenderem a utilizar o sistema.

Para quem gosta de planilhas e um pouco de matemática, por análise combinatória podemos dar valor a cada item do cadastro e de forma muito simplificada fazer uma verificação dos melhores clientes por RFV, que é a combinação de 3 variáveis as quais damos peso: recência (a última vez que foi ao dentista), frequência (quantas vezes o paciente vem se consultar durante ano) e valor (média dos orçamentos dele). É uma ferramenta muito utilizada em estratégia de marketing. Depois de montar uma tabela com a pontuação para cada faixa desse RFV, saberemos quais pacientes pontuam mais. Porque quem "vale" mais precisa ser diferenciado, ser tratado de forma especial e se sentir paciente VIP. Esses dados precisam ser facilmente acessíveis para levantamentos individuais ou por grupo. Você se interessou? Aprenda e saiba mais no site *www.brandme.com.br*.

freeimages.com

MARKETING DIRETO

Direct marketing ou marketing direto é tudo o que você pode fazer em ações de marketing que gerem respostas diretas pelo seu *prospect* (potencial cliente). É a oportunidade de venda a partir de uma resposta do cliente à sua campanha, ou seja, independente do canal utilizado – e-mail, mala-direta, *outdoor*, TV, telemarketing – é preciso contar com a ação de resposta do cliente para que a venda seja efetuada. É o cliente quem diz sim ou não àquela oferta.

Muitas vezes as pessoas confundem tudo: venda direta com resposta direta e mala-direta, pensando que tudo é esta. Venda direta é um canal de venda onde não há intermediários, o vendedor atende ao cliente em uma loja, por exemplo, e realiza a venda. A mala-direta é a famosa cartinha que é postada pelo correio, e uma resposta direta é a ação de um potencial cliente responder em função de uma oferta recebida por um canal de venda qualquer. Para usar um canal de venda e divulgar seu negócio, você precisa estar alinhado com o Código de Ética. É importante conhecer cada um dos canais de venda para saber se é possível ou adequado aplicá-los à realidade do consultório ou da clínica odontológica. Alguns canais como *e-commerce*, revendedores, concessionárias e distribuidores trabalham mais a venda de produtos, mas é possível representar e vender serviços odontológicos por meio de representantes comerciais, franquias, equipes próprias ou telemarketing. Mais uma vez é preciso perceber o perfil e calcular os gastos para verificar se o retorno obtido será mesmo satisfatório.

Canais de venda

Representantes comerciais – Representantes são geralmente indivíduos ou empresas que podem representar os serviços de uma clínica. Por exemplo, um representante pode captar empresas para convênios diretos ou parcerias, visitar escolas ou associações e oferecer palestras, serviços informativos, permutas ou descontos para indicações.

Franquias – São empresas que utilizam identidade e padrões de operação licenciados pelo líder do canal e que são regidas por Lei e contratos específicos. Padrões e processos operacionais rigorosos são fundamentais para o sucesso desse canal. Já temos muitas empresas franqueadoras, uma das pioneiras desse modelo de sucesso foi o GOI e, mais recentemente, as redes de clínicas Sorridents e Ortoplan, que foram montadas para atender a classe C e são um sucesso, cresceram de forma expressiva.

Telemarketing – É o canal mais utilizado em Odontologia, junto com a mala-direta, para relacionamento com os pacientes desde o primeiro contato, agendamento e confirmação de dados, até chamar retornos de pacientes cadastrados. Só não deve ser considerado apenas um canal de venda de serviços propriamente dito. Em outras áreas, sim, basta lembrarmos que diariamente somos assolados com dezenas de telefonemas querendo nos oferecer serviços telefônicos, bancários, cartões de crédito etc. Mas o telemarketing na área de saúde pode ser usado por dentistas para uma venda sutil ou indireta, garantindo o retorno do paciente no dia marcado, e para abordar o cliente, chamando-o para uma nova consulta ou para conhecer um novo serviço oferecido pela clínica. Tudo vai depender do perfil da secretária e do treinamento recebido.

Mala-direta – Numa campanha de venda tradicional, normalmente a mala-direta tem baixo retorno, entre 0,5% a 1% de resposta, por isso é preciso avaliar bem se o investimento vale a pena, pois envolve a criação do folheto, impressão e postagem. Dependendo do volume e segmento de mercado, os gastos com o envio do material podem tornar a ação inviável. O interessante é que, para produtos ou serviços mais caros, esse canal de venda pode ser muito atraente, principalmente na nossa área. Imagine um dentista que tenha adquirido um equipamento para clareamento dental por 5 mil reais e vai cobrar 500 reais para cada tratamento. Se investir um total de 800 reais numa campanha de mala direta, precisa perceber que se ao menos dois pacientes retornarem para fazer o clareamento, já terá recuperado o investimento. O melhor caminho é fazer as contas e ter consciência do risco antes de lançar mão do canal de venda.

E quando se associa o envio da mala-direta com um telefonema após um breve período (dica: crie um *script*, ou seja, desenvolva um texto para sua assistente abordar o cliente adequadamente), as chances de captar o paciente aumentam mais ainda.

Canais de relacionamento

Os canais de venda direta são muito usados como canais de relacionamento e revenda para pacientes, pois, mesmo sem chamar para retorno ou oferecer um novo serviço, sempre que nos relacionamos com o paciente nos fazemos lembrar, e a oportunidade de marcar uma visita pode ocorrer. Via de regra, na saúde os principais canais e algumas sugestões de uso estão listadas a seguir (algumas ferramentas são vistas novamente, como mala-direta, telemarketing etc.):

Mala-direta – Cartas físicas ou cartões personalizados estão em desuso, mas eu gosto de lembrar que, como poucos estão utilizando, se você adotar, será considerado então algo diferente. Também funcionam muito bem como marketing de relacionamento, dando os parabéns pelo aniversário, Natal e outras datas importantes. Mais uma vez, um bom banco de dados é essencial. Clínicas com grande volume de clientes podem ter cartões impressos com o logotipo e os dados do estabelecimento. Facilita o trabalho e cria uma boa imagem.

Telemarketing – É bom lembrar que o telemarketing será usado com clientes que já conhecem o consultório. Por isso, se a abordagem for bem-feita, a tendência é de que ele aceite o convite e retorne. Nem todos os consultórios e clínicas se preocupam em confirmar a vinda dos pacientes com um telefonema e isso é uma pena. Uma ligação telefônica custa apenas alguns centavos, bem menos que a hora parada do dentista. Então vale incluir na rotina de trabalho da secretária um tempo diário para confirmar as consultas do dia seguinte, uma agenda bem administrada é sinônimo de produtividade. Sem contar no impacto positivo de ligar para saber se ficou satisfeito, se a dor (que sentia) passou, se o pós-operatório está tranquilo.

E-mail marketing – a internet está se expandindo cada vez mais e, dependendo do perfil da clínica ou do consultório, boa parte dos clientes está diariamente on-line. Se for assim, o e-mail pode ser considerado um canal de relacionamento e, o que é melhor, extremamente barato. Pode ser usado para cumprimentos em datas especiais e enviar notícias e novidades sobre a clínica, sempre com o devido cuidado para não exagerar no volume de informações. Esta "mala-direta versão eletrônica" acaba sendo o canal mais prático, pois é rápida, barata e um gerenciador de campanha dispara todas em minutos.

Você só precisa ter um *web designer* criativo e os e-mails dos pacientes atualizados (e ter certeza de que eles acessam a internet, não se esqueçam dos mais velhos que resistem e precisam ser contatados também, com esses você terá que recorrer ao telefone ou à mala-direta tradicional, eles amam receber correspondência!).

***Mobile* marketing** – A cada dia surgem novas mídias e também a cada dia o celular é mais utilizado para o envio e recebimento de mensagens, e baixar aplicativos – é uma febre entre os jovens e internautas mais vanguardistas.

É prático, rápido, barato e alcança o cliente em qualquer lugar. As pessoas que lidam bem com o celular, ou seja, que utilizam os recursos disponíveis no aparelho, enviam e recebem torpedos diariamente e ficariam satisfeitas ao serem lembradas de sua consulta, por exemplo, com uma mensagem deste tipo. As operadoras de telefonia celular oferecem pacotes para o envio de torpedos. Vale a pena verificar o custo e avaliar a possibilidade de adotar esse canal de comunicação com os clientes. Aplicativos de localização de profissional (igual a um GPS, acha o dentista mais próximo do seu endereço), de agendamento, confirmação de consulta, comparação de preços: tudo isso está disponível para você que transita no mundo digital. Como dizem meus filhos adolescentes, é só começar a mexer que a gente aprende. Saiba que, segundo o *The Search Engine Journal*, 71% dos usuários de redes sociais as acessam através de dispositivos móveis. Mas se para você tecnologia é um mistério, chame um filho ou sobrinho e peça ajuda para baixar os aplicativos e saber das novidades, eles adoram mostrar que sabem tudo (e que nós não sabemos nada).

Homepage – Ter um blog ou um site na internet funciona hoje como um cartão de visitas virtual e, muitas vezes, pode ajudar a conquistar o cliente em um primeiro momento. Nesse espaço é possível colocar informações sobre o profissional, os serviços que são oferecidos pela clínica e os diferenciais. Sem contar que, como o portal tem custo relativamente baixo, pode ser usado para fins educativos também. Ali o cliente ficaria sabendo como escovar melhor os dentes, a necessidade de visitar regularmente o dentista etc. Muitos *websites* armazenam informativos e acabam tornando-se boas fontes de informação para pacientes.

Informativo – Dependendo do tamanho da clínica ou consultório e do volume mensal de pacientes, criar um informativo impresso ou virtual (enviado por e-mail), pode ser uma excelente ferramenta de comunicação com os clientes. A importância de se ter dentes bem cuidados na hora de procurar um emprego, a escovação na primeira infância ou os riscos de se perder os dentes na terceira idade poderiam ser alguns dos temas abordados, sempre com o objetivo de manter o cliente bem informado e estimulá-lo a cuidar melhor da saúde bucal. Os informativos precisam ter uma periodicidade regular, bimestral, trimestral, por exemplo, e um *layout* atraente.

Rentabilidade

Ainda quando falamos de marketing direto é preciso conhecer as chamadas ações de rentabilidade. Em outras palavras, alguns caminhos para colher frutos no relacionamento com os clientes. São elas *Add Selling*, *Up Selling* e *Cross Selling*. *Add Selling* acontece quando uma venda a mais é feita; um bom exemplo é o do paciente que procura o consultório para uma limpeza e o dentista sugere uma sessão de clareamento. Ou seja, adicionou-se venda complementar à venda original. Já *Up Selling* acontece quando conseguimos propor um tratamento mais sofisticado ou com tecnologia mais moderna aumentando o valor do orçamento original. Acontece muito com pacientes de convênio quando um determinado tratamento ou uso de material mais nobre não está coberto pelo plano, mas diante dos argumentos do profissional, o cliente resolve investir e pagar para obter os serviços. Ou um ortodontista que pode sugerir alternativas ao tratamento convencional, oferecendo fios invisíveis, braquetes de porcelana para melhor solução estética e o paciente aceita pagar mais por isso. E, por fim, *Cross Selling* significa venda cruzada, isto é, uma venda "amarra" outra venda. Por exemplo, pode ocorrer de uma mãe levar o filho ao odontopediatra e, aguardando na sala de espera, ler o folder que fala de um novo diagnóstico digital disponível na clínica e também resolver passar em consulta; também poderíamos dizer que é uma atitude de venda cruzada quando um paciente procura o dentista para uma revisão de rotina e é encaminhado para outro especialista, um ortodontista, por exemplo.

Brindes – Brindes são instrumentos de fidelização e acabam aumentando o potencial de rentabilidade do consultório, já que agradam a todas as pessoas. É preciso, no entanto, saber o que oferecer a cada faixa etária e perfil social. Para os profissionais que trabalham com crianças, possuir uma gaveta cheia de brindes é quase um recurso de mágica. Médicos pediatras sempre davam pirulitos, mas como para os dentistas essa regra não vale, o melhor é recorrer a folhas para colorir, giz de cera, pequenos brinquedinhos de plástico, entre outros. No mercado já existem empresas que trabalham com brindes personalizados para a Odontologia, oferecem, por exemplo, jogo da memória, passatempo, livrinhos educativos e outras ideias simples, porém interessantes, pois colaboram para divulgar o nome do dentista ou da clínica. No caso dos adultos, um brinde também é bem-visto desde que seja compatível com a situação social e financeira do paciente. Um cliente que use uma caneta tinteiro não vai gostar tanto de ganhar uma caneta de baixa qualidade; imãs de geladeira, calendários e outras coisas úteis agradam a praticamente todos.

Claro que esses exemplos são apenas ilustrativos para se entender os conceitos de marketing, pois nem sempre corresponderão ou se aplicarão à melhor conduta. Meu intuito é ensinar que o marketing ético deve ser a premissa máxima em nossa profissão; a ética e sensibilidade do profissional deve sempre prevalecer em qualquer conduta comercial.

Redes sociais[3]

A comunicação moderna é bem diferente de alguns anos atrás; hoje em dia as relações são fortalecidas com a ajuda das redes sociais. Quem não estiver adaptado a esses novos meios vai ter uma comunicação limitada com seus clientes e demais públicos de interesse. Como ponto positivo, as redes sociais são exemplo de modernidade, interatividade, fortalecimento da marca e imagem, rapidez de transmissão da notícia e relacionamento constante com os públicos de interesse, mas lembre-se de que nem tudo são flores, pois o conteúdo publicado pode ser duplicado sem autorização e há uma exposição muitas vezes indesejada e descontrolada por participantes da rede, perfis falsos que podem ser criados por pessoas que não fazem parte do negócio, além de depoimentos negativos que são espalhados com uma rapidez absurda.

Atualmente não se pode imaginar um planejamento estratégico para promover uma clínica ou um serviço qualquer sem pensar em marketing digital e o uso de redes sociais. E, se você não está convicto, analise esses números impressionantes divulgados pelo *Estadão* e pela *Abril* (blog.

---

[3] Agradeço à Nizia Teles e Luiz Rodolfo May dos Santos pela cessão de conteúdo que permitiu elaborar este capítulo.

estadão.com.br) e (info.abril.com.br): no Facebook, já existem mais de 1,35 bilhão de usuários ativos no mundo, sendo 89 milhões ativos somente no Brasil. O Google+ tem mais de 540 milhões de usuários, e para sua informação, 75% do envolvimento em um *post* no Facebook acontece nas primeiras 5 horas; 84% das mulheres e 50% dos homens se mantêm ativos no Pinterest; mais de 2 usuários se inscrevem no LinkedIn a cada segundo; 23% dos adolescentes consideram o Instagram como sua rede social favorita; os finais de semana geram os momentos mais populares para compartilhar no Vine; o número de posts enviados por dia, no SnapChat, supera os 400 milhões. Assustado? O mundo moderno está na era digital, entenda como você pode aproveitar isso e melhorar seu negócio.

Segundo Nísia Teles, sócia fundadora do Clube Markentista, como dicas de utilização das redes, você precisa ter muito bem definido o seu posicionamento para não ficar perdido no mundo virtual. Portanto, ache seu caminho, seu discurso. Você também precisa buscar uma identidade visual com *layout* dinâmico, visualmente agradável e bonito. Preparar um conteúdo de qualidade, atual e inovador. E não se esqueça de que Odontologia lembra sorriso, então combina associar essa lembrança promovendo leveza, cores, imagens e emoções. É importante saber que a imagem é o grande destaque na rede social, pois conforme matéria publicada no site *postcrom.com* sobre o Twitter, imagens são 361% mais *twitadas* que vídeos e fazer *download* ou *curtir* imagens é a atividade que mais se realiza no Facebook.

Uma boa dica de como preparar conteúdo seguindo as novas tendências é aproveitar o Shutterstock (um dos maiores bancos de imagens do mundo). Fale com seu programador ou *web designer* sobre isso e conheça as novidades para seu endereço virtual e sua rede ficar mais interessante. Não esqueça que o paciente mais jovem e moderno está superenvolvido com o mundo digital, ele faz pesquisas, interage, critica e espera por respostas.

Um trabalho inédito nos consultórios e clínicas odontológicas está sendo desenvolvido para transformar as percepções negativas em percepções positivas (chamado marketing sensorial). A cultura de viver em alegria é supervalorizada através de imagens, sons, textos e cores que estimulam a humanização do ambiente, dando maior leveza e gerando sensações positivas que ficam associadas à saúde e bem-estar. Além disso, é uma importante ferramenta de promoção e valorização do profissional dentista que interage e atua como veículo dessa conquista por um sorriso bonito, que o paciente deseja e o tornará mais feliz.

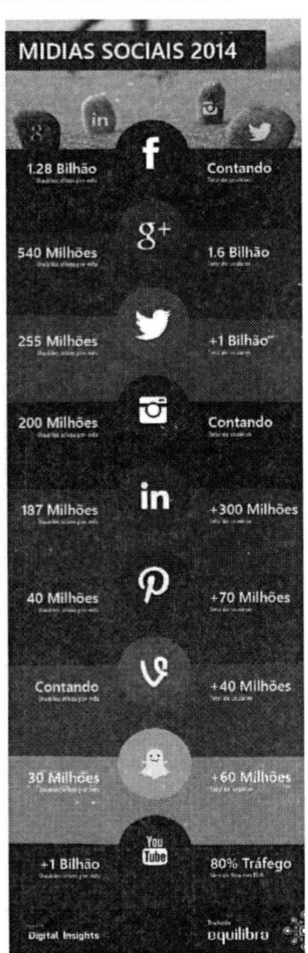

http://www.ibahia.com/a/blogs

freeimages.com

BEP

Se alguém escolheu a Odontologia porque na época do colégio não gostava de fazer contas, já descobriu que foi em vão. A matemática é a fiel companheira dos dentistas e não poderia ser diferente, pois em todo tipo de empreendimento – incluindo aí consultórios e clínicas odontológicas – é preciso analisar os gastos e projetar quando virá o retorno. Estamos falando de BEP, a sigla em inglês para *Break Even Point* (ou Ponto de Equilíbrio). Trata-se do momento em que o investimento está pago e o produto ou serviço começa a dar lucro.

Vamos usar um exemplo. Se um dentista investir R$ 5 mil em um moderno aparelho de clareamento dentário e definir que cada sessão de tratamento custará 250 reais, o profissional calcula que, com ao menos 24 sessões, pagará o investimento. Ou seja, terá atingido o ponto de equilíbrio, daí em diante todo o dinheiro obtido com clareamento será lucro.

A mesma lógica vale para o consultório como um todo. Antes de abrir as portas é preciso investir em equipamentos, reforma, aluguel do ponto e tudo o que vimos até agora. Feitas as contas dos gastos efetuados, o profissional precisa saber quando terá atingido o ponto de equilíbrio, ou seja, quanto tempo vai levar para recuperar o capital investido e começar a dar lucro.

Nas despesas mensais o BEF também está presente. Um consultório que tenha 900 reais de despesas de aluguel e taxas, mais gastos de 1,5 mil reais com uma secretária, 120 reais com a energia e cem reais com telefone, registra um gasto médio fixo de 2 620 reais. No faturamento mensal, o BEF é atingido quando a entrada de recursos já superou essa marca. Caso contrário, haverá um desequilíbrio, o mês será fechado no vermelho e o dentista precisará pôr dinheiro do bolso para pagar as contas.

A viabilidade de um consultório está exatamente na possibilidade de atingir rapidamente um ponto de equilíbrio, e é fundamental colocar investimentos iniciais e custos fixos na balança antes de começar a atender pacientes. O retorno depende do mercado em que está inserida a clínica, por esse motivo, investimentos elevadíssimos podem tornar o negócio inviável ou o ponto de equilíbrio muito distante.

EXERCÍCIO

Depois de apresentados os conceitos e as ferramentas de marketing, tente aplicá-las à sua realidade e negócio, detalhando cada tópico, definindo qual a melhor estratégia e quais as opções que darão maior retorno ou serão mais efetivas no seu consultório. Aplique também o PDCA.

Personal Branding	*Networking*	*Benchmarking*
• Trabalhar a imagem e posicionamento profissional • Construi credibilidade • Ser referenciado pelos pacientes e colegas	• Redes de contato • Família e amigos • Colegas de profissão • Participação em comunidades	• Eleger as referências • Estudar casos de sucesso • Interagir com colegas • Visitas clínicas diferenciadas

Marketing direto	Uso das redes sociais	Ponto de Equilíbrio BEP
• Canais de venda Boca a boca, promoção E-mail mkt, site Assessorias especializadas • Canais de relacionamento Redes sociais, web, mala direta, tlmk, e-mail...	• Novidades • Imagens • Público-alvo • Respostas imediatas • Conteúdo de interesse • Cuidados	• Eleger as referências • Estudar casos de sucesso • Interagir com colegas • Visitas clínicas diferenciadas

Exercício	Tarefa
MARCA	• Como o mercado, pacientes e colegas me veem. • Sou uma marca confiável? Gero segurança e credibilidade?
AJUSTE	• O que é preciso mudar para melhorar a imagem profissional?
PERSONAL BRAND	• Definindo seu *Personal brand*: quem sou, formação, especialidades, perfil, qualidades destaques, rede de relacionamentos, pontos positivos, nível de recomendações, pesquisa de satisfação e credibilidade. • LEGADO Pessoal. O que eu ofereço de diferencial e deixarei como exemplo para os outros (habilidades, qualidades, valores, relacionamentos).
BENCHMARKING	• Quem são meus referenciais de sucesso? • Onde estão os meus melhores concorrentes? O que estão fazendo que dá certo? • O que devo mudar na minha conduta ou clinica para atingir o sucesso dos meus referenciais?
DATABASE MKT	• PDCA – como checar qualidade e atualização do banco de dados e definir as ações possíveis com os sistemas adotados pela clinica. • Planejar melhor utilização do DBM e 5Q →(o que, por que, quem, como, quando)

MARKETING DIRETO	• Eleger os canais de captação e relacionamento preferenciais. • Pesquisar canais preferenciais dos atuais clientes. • Criar campanhas segmentadas (usando em cada canal uma abordagem específica para cada segmento de paciente).
REDES SOCIAIS	• Posicionamento atual (sou: usuário pesado, curioso ou não conheço nada de redes sociais). • Posicionamento Futuro é detalhar como investir em construção das redes e como explorar oportunidades.
BEP	FAZENDO AS CONTAS. CALCULAR BEP DE: •Investimento de equipamento novo •Custos do consultório •Hora clinica média para cobrir receita ideal

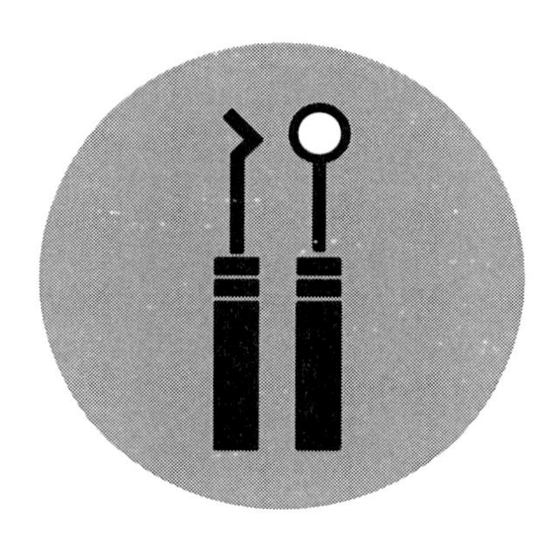

Capítulo 4

Visão de marketing

Atualidades em marketing

Inovação

Você realiza em seus pacientes anestesia digital? Usa o *laser* como recurso na mucosite oral? E botox? Utiliza a técnica do visagismo? Sabe o que é neuromarketing? Já indicou lentes de contato? E o que acha de DSD (*Dental Smile Design*)? Estudou ou leu sobre a prototipagem e bioengenharia para construir substitutos biológicos? Conhece as novidades em ortodontia digital? Foi ao último DMM (*Dental Marketing Meeting*) saber das novidades?

Qual foi a ultima vez que reformou sua recepção, trocou ou atualizou seus equipamentos? Quando foi seu mais recente curso de atualização? Quais são as novas especialidades e tendências em trâmites no CFO? Quanto investiu em novas tecnologias para estar mais competitivo? Conhece a *New Versa*, a cadeira totalmente controlada por *iPad*?

Não sabe do que estou falando? Pois então mude já e se cuide, porque a inovação está diretamente ligada à sua capacidade competitiva e de se manter ativo no mercado. Se você tem mais de 40 anos, deve se lembrar das coroas de aço usadas em odontopediatria, coroas do tipo *veneer*, dos implantes justaósseos, bicorticais, que equipamento moderno era o amalgamador, as resinas eram pouco indicadas, pois apresentavam muita inflitração. Se hoje tudo isso parece obsoleto, como se comportará a odontologia daqui a 10, 20 anos? Qual será a vida útil dos especialistas em implantes? Haverá mercado (e ausência de elementos dentais) para tanta gente? Periodontistas visionários investiram em cursos e cirurgias de implantes, os protesistas investiram em cursos de estética e reabilitação: quem quer se manter no topo tem que se reinventar a todo momento. Odontopediatras decoram suas clínicas de forma temática e investem em espaços para atendimento específico de adolescentes, a nova moda é a Odontohebiatria (porque os *teens* odeiam aquele ar de consultório infantil, mas "só têm tamanho", pois muitos ainda não querem ser tratados como adultos).

Sabia que as novas especialidades têm um ótimo potencial de trabalho para as próximas décadas? E outras mais antigas têm pouca procura de profissionais (ou seja, maior oportunidade de trabalho, já que há carência de profissionais): odontogeriatria (pense: a tendência no nosso país é ter um número cada vez maior de idosos exigindo cuidados); odontologia hospitalar/UTIstas; odontologia do trabalho; odontologia esportiva; estudos de dor orofacial (perspectiva de alta demanda); odontologia de pacientes especiais com o atendimento *home care*. Melhor ainda se você associar especialidades: halitose e periodontia; pediatria e hebiatria; geriatria e *home care*, assim, atuando em duas frentes, o potencial de rendimentos é muito maior.

Além disso, temos as habilidades odontológicas que o CFO regulamentou em 2008, permitindo ao cirurgião-dentista uso de práticas integrativas e complementares à saúde bucal como acupuntura; fitoterapia; terapia floral; hipnose; homeopatia e laserterapia. Novas especialidades, novas oportunidades. Investigue agora, invista em inovar e se mantenha competitivo.

Aqui vão algumas novidades que você deve conhecer e saber mais, aplicar e investir. O importante é sair da zona de conforto e ver a importância de se atualizar, saber das modernidades, poder criticá-las. Procure se informar e estudar sobre os avanços na odontologia e no mundo tecnológico. Até para contrapor uma sugestão de um paciente você precisa ter conhecimento e poder argumentar (contra ou a favor) e, principalmente, justificar porque não tem ou não usa (ainda) o recurso sobre o qual ele leu na web ou recomendaram nas redes sociais.

Neuromarketing – Você já percebeu, ao entrar numa grande magazine ou numa loja, algo diferente, um aroma, um perfume ou essências que despertaram uma sensação agradável? Já entrou numa cafeteria e o aroma de café ou aquela imagem do doce irresistível ("Parece tão fofinho, cremoso, gostoso...") o instigou a comprar um? Saiba que neuromarketing (ou marketing sensorial) é a junção de marketing e ciência em busca do estudo e conhecimento da lógica de consumo, ou seja, descobrir os desejos, impulsos e motivações das pessoas para aumentar decisão de compra.

Apesar de parecer bastante complicado (e é em termos científicos, afinal são usados equipamentos sofisticados com sensores capazes de analisar e fazer o reconhecimento facial em seus mínimos movimentos e estudar os reflexos oculares, auditivos e outros sentidos a partir de variados conteúdos e mídias, gerando dados do comportamento diante de diferentes estímulos), o importante é saber que já estamos num nível tão avançado de sofisticação em pesquisas que, ao entender o que motiva o ser humano em relação ao comportamento e hábitos de consumo, poderemos criar materiais de comunicação que provoquem maior impacto e garantam mais atenção do potencial cliente. Cores, formas, texturas, imagens e palavras que captem mais atenção poderão ser usadas como chamariz no seu negócio. Fique de olho e acompanhe esses estudos, em breve muitas informações vindas do neuromarketing aplicado à Odontologia serão dicas úteis que deverão ajudá-lo no desenvolvimento de seus sites, folders e materiais promocionais.

Crowdsourcing – É uma nova e crescente ferramenta para a inovação. Ele combina os esforços de voluntários num ambiente (em geral virtual) onde cada colaborador, de sua própria iniciativa, adiciona uma pequena parte de dinheiro para gerar um resultado maior. O termo "crowdsourcing" é uma junção de "multidão" e "terceirização"; ele se distingue de terceirização pelo trabalho vir de um público indefinido, aleatório, que adere a um projeto ao invés de ser produzido por um grupo específico e fechado. Utilizado adequadamente, pode estimular ideias novas, reduzir o tempo de investigação e de desenvolvimento dos projetos, diminuir os custos, além de criar uma relação direta e até uma ligação sentimental com os usuários de uma rede colaborativa de ciência e inteligência. Exemplo prático: você pode liderar uma campanha para arrecadar fundos e promover uma ampla campanha de entrega de kits de higiene à uma população carente, ou um levantamento e diagnóstico do câncer bucal, ou arrecadar fundos para construir uma clínica de atendimento num lugar menos favorecido. Você atua com marketing social, se promove (afinal foi o idealizador) e não precisa custear a ideia. Entre no *vakinha.com* e saiba como funciona.

Dispositivos inteligentes – O mercado oferece inúmeros aparelhos e sistemas denominados "inteligentes", onde a cada dia temos a surpresa da evolução da tecnologia e o aumento da capacidade e das funções dos aparelhos. Nossos *smartphones* e *tablets* já são computadores completos. Há muitos modos de se trocar mensagens: via SMS, e-mail, Facebook Messenger, Whatsapp, Hangouts, etc. Podemos ditar a mensagem: o som das palavras é reconhecido e transformado em texto, só faltam inserir os pontos e as vírgulas para manter a ortografia correta. Os dispositivos inteligentes estão ficando mais adaptáveis às nossas necessidades, a empresa de análises IDC (br.idclatin.com) prevê que em 2015 mais de um terço dos bilhões de dispositivos conectados serão sistemas inteligentes.

A Universidade de São Paulo criou recentemente a Agência de Inovação, que tem por objetivo identificar, apoiar, promover, estimular e implementar parcerias com os setores empresariais, governamentais e não governamentais na busca de resultados para a sociedade. Participe dessa virada cultural e comece a ficar mais anteando em tudo que acontece no mundo e na sua área. Busque diferenciais que o façam ser mais notado e um profissional desejado.

Marketing holístico

Marketing holístico é um conceito recente, uma expressão usada por Philip Kotler e Kevin Lane Keller desde 2006 para indicar o processo de marketing, que reconhece a interdependência e integra seus quatro principais componentes: marketing integrado, marketing de relacionamento, marketing interno e marketing socialmente responsável ou ético. O marketing holístico aparece como uma das grandes inovações na área de marketing, possibilitando que as empresas planejem e trabalhem as ações de marketing em toda sua complexidade, definindo estratégias que farão com que haja uma integração de todos os processos que mantém interface com seus clientes. Kotler e Keller reconhecem que “tudo é importante” – o consumidor, os funcionários, outras empresas e a concorrência. É um conceito de marketing mais completo que visa atender às necessidades das empresas que o utilizam como uma ferramenta ética, trazendo o desejo dos consumidores atrelado ao dos fornecedores.

Para entender melhor, é preciso compreender o significado da "holística", que vem do grego *holos* e significa "igual ao todo". A holística visa observar por um todo e não apenas as partes. E, nesta mesma linha de raciocínio, segue o marketing holístico, com o reconhecimento de que não só a empresa é importante, mas também os seus produtos, os seus consumidores, os seus concorrentes, seus funcionários, bem como a responsabilidade social e ambiental de suas práticas.

Então, ao olhar seu consultório ou clínica com a visão de marketing holístico, é preciso entender que suas estratégias serão mais fortes se seus funcionários (clientes internos) e parceiros estiverem acreditando em sua capacidade profissional e querendo ver o crescimento do seu negócio tanto quanto você, ajudando a fortalecer sua marca; aí serão parceiros que ajudarão a captar novos pacientes e atender com o máximo de qualidade para encantar e manter esse relacionamento por um longo período, trazendo rentabilidade para seu negócio. Ao se preocupar em misturar os Ps (Ponto, Produto, Processos, Promoção, Produtividade e Qualidade etc.) já apresentados no livro e integrá-los, envolvendo os funcionários, colegas, parceiros e fornecedores no seu objetivo, você estará mais próximo do caminho rumo ao sucesso. Não existe empresa consolidada sem equipe profissional motivada, comprometida e satisfeita.

freeimages.com

Marketing social e cidadania

Novamente citando Philip Kotler, o grande nome do marketing da atualidade define o marketing social como o conjunto de comportamentos, atitudes, valores e ideias sociais.

A causa pode ser social, mas os mecanismos ainda são adaptados do contexto comercial, pois utiliza técnicas mercadológicas para se adaptar à promoção do bem-estar social. Segundo Melo Neto e Froes (2001), existem várias formas de se utilizar marketing social, começando por marketing de filantropia que é fundamentado na doação feita pela empresa a uma entidade que será beneficiada (quando sua clínica fizer uma doação à uma casa que atende crianças em tratamento de câncer, por exemplo); outro é o marketing de campanhas que é caracterizado por veicular mensagens de interesse público, seja na mídia ("Vamos economizar água e salvar o planeta!") ou nas embalagens de produtos ("Ao comprar nosso produto, plantamos uma árvore e cuidamos do meio ambiente"), em eventos de cunho social (por exemplo, uma caminhada pela paz) ou mesmo em campanhas de vendas, destinando um percentual para doação (exemplo da campanha anual do Big Mac que ajuda o GRAAC). Outra forma de marketing social é o patrocínio, que pode ser para terceiros, inclusive através de leis de incentivo, ou também patrocínio próprio, quando as próprias empresas desenvolvem seus projetos por meio de seus institutos e fundações.

Uma alternativa para empresas menores que desejam participar é a promoção social utilizando o nome e logomarca de uma entidade com credibilidade para apoiar seus projetos e, com isso, além de receber a ajuda, agregar valor ao seu negócio, como por exemplo o selo Abrinq (empresa amiga da criança) ou Casa Hope (lembram do logo? Daquele simpático panda?). Apesar de sutil, ao se preocupar em apoiar uma entidade filantrópica, você estará criando uma imagem positiva por esse apoio de cunho social e muitas vezes isso reflete em um conceito chamado empresa amigável, onde preferimos consumir tal estabelecimento porque temos simpatia por empresas e pessoas preocupadas com o bem-estar social dos outros.

Como a Odontologia vem se engajando no marketing social? Você já pensou em participar de algum projeto social e receber benesses de outro valor que não financeiro? Existem muitas ONGs que atuam nessa área para conscientizar a população. É o caso da Odonto-Criança, uma associação de dentistas voluntários que atende crianças carentes da cidade de São Paulo. O objetivo é melhorar a qualidade de vida da criança e de seu núcleo familiar através da promoção da saúde bucal, educação e tratamento odontológico. A ONG conta com mais de 300 voluntários, atendendo mais de 120 crianças por mês. Quando são promovidos eventos especiais, o número de atendimentos chega a dobrar.

O projeto Dentista do Bem é outra iniciativa que conta com o trabalho voluntário de cirurgiões-dentistas que atendem crianças e adolescentes de baixa renda, proporcionando-lhes tratamento odontológico gratuito até completarem 18 anos. O tratamento, feito no consultório do próprio dentista voluntário, é de caráter curativo, preventivo e educativo. Atualmente, o Dentista do Bem conta com mais de 3 100 dentistas voluntários espalhados por todo o país – nos 26 estados e Distrito Federal.

Em parceria com a INMED Brasil, uma ONG dedicada ao desenvolvimento de crianças carentes, a Colgate Palmolive realiza, desde 1995, um projeto de saúde bucal que proporciona uma maior conscientização e melhor qualidade de vida. São realizadas entregas de kits (com escova, creme dental e folheto educativo). Essa parceria atingiu, em 2005, mais de 90 mil crianças de 16 municípios brasileiros.

Muitas outras empresas apoiam projetos sociais com foco em saúde bucal, atuando como parceiros e agentes de promoção da importância dos cuidados e tratamento da população mais necessitada. Então, separe um tempo para exercer cidadania e engajar-se no marketing social. Faz bem para os outros, para si e é uma ferramenta de promoção, afinal ter um dentista socialmente responsável é motivo de orgulho e divulgação entre seus pacientes.

Full marketing ou marketing 360°

Marketing 360°, ou *cross media*, é a utilização de diversos meios para se passar uma mensagem com o intuito de potencializar a comunicação. É a distribuição de serviços e experiências por meio das diversas mídias e plataformas de comunicação existentes no mundo digital e off-line. Para uma comunicação ser eficiente, deve poder tornar seu serviço diferenciado, ser visto como algo único e especial, ser uma mensagem rápida, fácil de transmitir por qualquer pessoa e disseminada por *buzz marketing* ("boca a boca") e, principalmente, ter relevância, ser interessante para o segmento (público-alvo) que se quer "atingir". Por fim, precisa apresentar dados concretos e que sejam mensuráveis.

É importante entender que, além da comunicação, o full marketing (marketing total) engloba essa trama de ações, estratégias e ferramentas. Tudo analisado e trabalhado de forma eficaz aumentará muito suas chances de sucesso profissional e retorno financeiro.

É preciso sempre lembrar que tudo importa, desde sua apresentação e como você se mostra como um produto, *profissional da saúde pres-*

tador de serviços, até com que embalagem e imagem as pessoas te veem. Ao desenvolver seu posicionamento e criar sua marca, você precisa de um bom agente de comunicação (agência de propaganda ou profissional de comunicação) para ajudar nessa construção e promoção. Se não pesquisar o mercado, os concorrentes e definir bem seu público-alvo (segmentação) você certamente perderá energia e foco, imprescindíveis para o sucesso empresarial. Cuidar do seu consultório e da comunicação interna, conquistando o comprometimento de uma equipe sempre atenciosa e motivada, estar sempre investindo em inovação e renovação, fazer ações de captação e fidelização de clientes através de marketing direto ou outras mídias, e estar sempre focado em relacionamento, cuidando da *network* e da satisfação do seu cliente. E a partir das conquistas, trabalhar a manutenção e sustentabilidade do negócio, pensando a longo prazo como se manter em destaque. Isso é full marketing, isso é pensar de forma estratégica.

Visão estratégica

Desde que começou a ler esse livro, você percebeu que o consultório ou clínica odontológica foram tratados como negócio, como empresa, sob o aspecto conceitual. E a visão estratégica passa por esse ponto, é preciso ver a profissão e a carreira na Odontologia com olhar empresarial e não deixar o sucesso apenas nas mãos da sorte.

Há muitos dentistas que conseguiram uma boa carteira de clientes apostando no boca a boca, é verdade. Um cliente trouxe outro e mais outro e as coisas caminharam bem. Mas, se formos olhar as coisas sob essa ótica, podemos dizer que há pessoas que ficaram ricas com um bilhete de loteria, outras que tropeçaram na rua e encontraram o amor de suas vidas. Coisas assim acontecem, mas não com todo mundo. Por isso, o melhor a fazer é arregaçar as mangas e tomar consciência de que a sorte pode ser muito benéfica, porém, ainda assim devemos garantir, fazendo a nossa parte.

O primeiro passo para aqueles que ainda não pensam na clínica ou consultório como um negócio é libertar-se do preconceito que existe em torno das profissões ligadas à área de saúde. Parece inacreditável, mas muitos ainda torcem um nariz quando veem um médico ou um dentista falando sobre rentabilidade. Como se profissões ligadas à saúde tivessem que ser atividades não remuneradas pela nobreza das questões envolvidas. Nada mais questionável.

Não se trata, no entanto, de se transformar em um mercenário, deixar a ética de lado e pensar apenas em juntar dinheiro. Nem tanto ao céu, nem tanto à terra. É preciso encontrar um meio-termo, gerir um consultório ou clínica antenado com o mercado e, consequentemente, obter lucro. Afinal de contas, foram anos de estudo, investimentos de toda ordem, mais contas a pagar, secretária, aluguel, equipamento. A profissão tem sua função social, só que precisa prover recursos para que o profissional não apenas se mantenha, mas possa continuar investindo, se aprimorando. Se você não pensar como empresário e tiver uma visão empresarial do negócio, não pense que só sendo tecnicamente bom seu futuro está garantido.

Nas cadeiras clássicas dos cursos de administração e áreas afins, quando se fala em gestão estratégica, a intenção é mostrar uma importante forma de conduzir a empresa avaliando sempre o cenário no qual ela está inserida, apurando os processos internos e desenvolvendo ações corretivas sempre que necessário. Para se ter gestão estratégica é preciso se ter disponibilidade para agir e visão de futuro, saber dar direcionamento, ou seja, atuar no momento certo, mudar a rota se necessário e ter vigilância – estar sempre acompanhando os possíveis riscos do negócio. É diferente de planejamento estratégico, que são os processos formulados a partir de um diagnóstico específico para definir ações e metas a serem alcançadas. Enquanto o planejamento é mais focado e específico e precisa de um diagnóstico, com técnicas e táticas pré-determinadas para alcançar um objetivo, a gestão é uma forma de atuar mais abrangente e relacionada à visão de negócios e gerenciamento como um todo.

Em planejamento estratégico destacam-se três conceitos importantes e que ajudam empresas e pessoas a se orientar: missão, visão e valores. Podemos definir missão como sendo o que eu faço hoje, o meu posicionamento no mercado. A missão pode mudar de tempos em tempos, até porque precisa estar em sintonia com o mercado. Um dentista pode começar atendendo pacientes no consultório como um generalista e depois descobrir um nicho e migrar para aquela área.

Já visão, ainda com base nos conceitos de gestão estratégica, é como o profissional se enxerga daqui a dois, cinco ou dez anos. Onde cada um de nós quer chegar. Assim, um recém-formado daqui a cinco anos quer estar com as contas equilibradas para que possa ter uma renda pessoal um pouco maior, enquanto alguém com trinta anos de profissão talvez prefira, em cinco anos, reduzir a carga de trabalho e ainda assim manter os rendimentos minimamente estáveis. Outros podem querer reduzir o percentual de pacientes vindos através dos convênios. Não importa. É olhar o horizonte e se projetar. Não se trata aqui de sonhos, delírios, mas de metas, de projetos, de objetivos.

E por valores podemos entender como sendo aquilo que o dentista vai usar de si mesmo e do negócio para atingir a meta proposta em visão. Olhar a missão, visão e valores de tempos em tempos ajuda a rever a carreira e a planejar o futuro. As coisas mudam, nós mudamos, o mercado muda. Uma área que há dez anos não existia pode ser hoje um mercado promissor e, daqui a outros dez, deixar de sê-lo. Não existem projetos estanques e nem profissionais bem-sucedidos incapazes de se reciclar. Flexibilidade sempre vai ser necessário para alcançar o sucesso, assim como sintonia com o mercado em que o dentista está inserido.

Faça um exercício, coloque no papel sua missão, sua visão e os seus valores. Veja o que Ricardo traçou para si mesmo:

Estudo de caso

Ricardo estudou Odontologia em uma faculdade conceituada de Porto Alegre. Sempre foi bom aluno e, diferente dos demais, não teve problema com dinheiro durante toda a graduação, pois, sendo filho único, contou com total ajuda dos pais. Depois de formado, ganhou de presente da família uma clínica para começar a promissora carreira. Para ele, no entanto, não bastava apenas estar bem localizado e já contar com alguns pacientes, Ricardo tinha em mente ser um dos melhores em sua área e, para isso, precisava traçar metas. Pensando no futuro, imaginava em cinco anos ter um movimento razoável no consultório que permitisse pagar as contas no fim do mês e, paralelamente, já ter concluído o mestrado, pois uma de suas metas era dar aulas, o que o deixaria obrigatoriamente atualizado e ainda proporcionaria um salário fixo, dando a oportunidade de investir nos estudos e no consultório. Em quinze anos, queria ser referência no mercado. Para atingir esse objetivo, Ricardo começou a trocar ideias com amigos e descobriu que, como as empresas, um profissional poderia definir sua missão, visão e seus valores. Pensou, pensou e chegou a isso:
Missão – Exercer com o máximo de competência e dedicação a Odontologia e me dedicar à especialização na área de Endodontia, através do programa de pós-graduação (mestrado).
Visão – Ingressar no meio acadêmico como professor e pesquisador e, aos poucos, me tornar referência na Endodontia.

Valores – Boa formação acadêmica, estabilidade econômica no início da carreira, gosto pelos estudos, disponibilidade e capacidade para frequentar as melhores instituições de ensino e despesas pessoais reduzidas no início da carreira (Ricardo era solteiro). Dedicação aos estudos e aperfeiçoamento, respeito e foco.

De tempos em tempos, Ricardo sabia que teria que rever cada um dos tópicos e verificar se caminhava na direção certa.

Análise estratégica

Para que você possa pensar em trabalhar a rentabilidade do seu negócio e planejar o seu futuro, é preciso, antes de mais nada, aprender a olhá-lo e analisá-lo de forma estratégica. Vários teóricos ao longo dos anos se debruçaram nos estudos a fim de criar ferramentas que facilitassem esse trabalho. Um deles é o italiano Vilfredo Paretto[4], cuja teoria diz que, quase sempre, cerca de 20% dos clientes correspondem a 80% do funcionamento e faturamento das empresas.

Segundo ele, a massa de clientes de uma empresa ou consultório odontológico pode ser vista sob a forma de uma pirâmide. No topo está a elite, a carteira de clientes VIP que precisa ser melhor cuidada, pois representa o cliente que todo dentista quer, em termos de prestígio, valor financeiro etc. É onde se ganha dinheiro, como aquele paciente particular que traz a família, aprova reabilitações e recursos de última geração em materiais nobres. No meio da pirâmide, está a massa que garante o sustento do negócio, como os pacientes de convênio para algumas clínicas, que isoladamente não representam muita coisa mas ao olharmos a constância e o valor

[4] O famoso Princípio de Paretto (também conhecido como Princípio 80-20) afirma que, para muitos fenômenos, 80% das consequências advêm de 20% das causas. O princípio foi sugerido por Joseph M. Juran, que deu o nome em honra ao economista italiano Vilfredo Pareto

somado de todas as fichas do convênio no mês passam a ter importância na receita final e, por último, na base da pirâmide estão os chamados clientes de baixa rentabilidade, mas que não podem ser desprezados porque fazem parte do montante e de certa forma são responsáveis pela manutenção do consultório. Pequenos procedimentos e pacientes ocasionais podem, no futuro, trazer mais dinheiro para o consultório.

Diante desse cenário, Paretto então propõe que olhemos a pirâmide de forma a verificar onde queremos investir, quem é o cliente mais lucrativo e em qual tipo de paciente queremos nos espelhar para trazer outros com o mesmo perfil. A resposta não é difícil: são os que estão no topo, claro, os mais rentáveis, que fazem grandes tratamentos, pagam sem reclamar e ainda indicam os semelhantes, trazendo novos clientes com o mesmo perfil. Eles merecem atenção redobrada, mimos diferenciados, precisam se sentir especiais. Se você envia um e-mail para toda a base de pacientes no aniversário, para eles faça algo especial, telefone diretamente ou mande um cartão bonito, uma mala-direta física e assine pessoalmente com uma mensagem diferenciada. O paciente vai entender que não é apenas uma estatística na sua clínica, e sim alguém que você se preocupa de forma especial.

Se nos reportarmos a um outro nicho de negócios, podemos compreender melhor o que nos propõe Paretto. Peguemos como exemplo uma empresa de entregas expressas com uma carteira de mais de 500 clientes. Desse total, 40 clientes são fixos, utilizam o serviço quase todos os dias e pagam mensalmente. Outros 300 são rotativos, utilizam de vez em quando, mas juntos garantem um bom rendimento. Esses 300 são mais complicados de administrar porque não estabelecem um vínculo e frequentemente querem um motoqueiro "na hora" para um serviço não muito rentável. Mas formam inevitavelmente a base da pirâmide da empresa, é com o recurso vindo desses clientes esporádicos que os donos pagam as contas e fazem suas retiradas.

Mesmo sem conhecer a teoria de Paretto, os proprietários da empresa de entregas expressas querem conquistar outros clientes fixos, classificados como o topo da pirâmide da empresa. Gente que paga mensalmente, se programa mais no momento de solicitar o motoqueiro e ainda demanda serviços maiores, mais lucrativos. Os donos da empresa de entregas expressas investem em brindes para esses clientes, dão atendimento VIP e prioridade total a eles. No mercado, identificam outros potenciais clientes com esse mesmo perfil e prospectam agressivamente, tentam trazê-los para a empresa como estáveis.

Essa mesma lógica precisa ser transposta ao consultório dentário. Quem é o cliente dos sonhos? Qual é o seu perfil? Onde o encontramos? O que eu posso fazer para conquistá-lo? O que posso fazer para que ele se sinta especial e diferente? Lembre-se das ferramentas que vimos para a conquista do cliente, use-as.

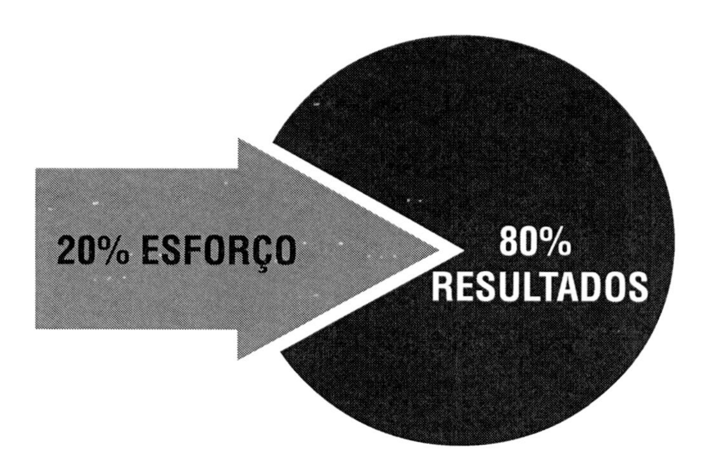

freeimages.com

Finanças pessoais

Administrar bem os recursos financeiros é fundamental para qualquer profissional, em qualquer área de atuação e com qualquer rendimento mensal. O desafio, no entanto, pode ser maior ainda para quem atua na Odontologia e tem seu próprio consultório. Nestes casos, a gestão financeira vai além da administração dos recursos pessoais e exige o gerenciamento dos recursos do consultório, controle do fluxo de caixa e visão de negócios como numa empresa. Planejamento e conhecimentos sobre administração financeira fazem a diferença.

No Brasil, falar de dinheiro na área da saúde é uma espécie de tabu. Muitos profissionais bem-sucedidos são tratados pejorativamente como *marketeiros*, como se o sucesso financeiro comprometesse a competência, a ética e a responsabilidade profissional, o que é puro preconceito. Muitos vão gerindo os recursos como se eles fossem infinitos, sem saber que é o rigor e conhecimento financeiro que vão solidificar o negócio no futuro, garantir a aposentadoria tranquila e preservação do patrimônio que todos devem construir durante a vida profissional ativa. Sem planejamento, sem objetivos e sem tomada de decisão consciente, o resultado é quase sempre desastroso. Não apenas porque a pessoa pode se afundar em dívidas, como também, na direção contrária, pode deixar de crescer o quanto poderia, pois não investe como deveria.

O primeiro passo do profissional, seja liberal ou empregado, para gerir melhor seus recursos, é dedicar um tempo para isso e buscar o conhecimento que ainda lhe falta; se for o caso, através de cursos, livros e até mesmo recorrendo às matérias de revistas e notíciário de rádio ou de jornal. Nos últimos anos, cresceu consideravelmente o número de consultores financeiros que falam sobre o tema na imprensa, muitos especializados em consultoria pessoal e aconselhamento individual ou familiar. Dão dicas de investimentos, respondem às dúvidas dos ouvintes e ensinam como guardar dinheiro, como investir e como gerenciar dívidas e outros problemas decorrentes do dia a dia.

Se ainda assim, o profissional não se sente nada capaz de administrar os recursos financeiros pessoais e do consultório, a saída é buscar ajuda profissional externa, contratando um gerente, um consultor ou um administrador de empresas para a sua clínica. Não devemos ir direto ao gerente do banco, pois, muitas vezes, eles estão interessados apenas que coloquemos os recursos nas carteiras de investimento ou nos produtos que precisam vender para bater suas metas.

Mas vamos lá, alguns conselhos são básicos e, com eles, já podemos avançar sem riscos. Primeiro vamos analisar o dentista que é autônomo, que gere o próprio consultório ou divide um com colegas. Este profissional pode ganhar bem, mas está sujeito a sazonalidades: meses de grande procura e meses ruins. Se tem grande parte dos clientes particulares, também está sujeito aos movimentos da economia (em crises financeiras, grandes tratamentos dentários não urgentes são deixados para depois) e à própria situação pessoal. Um autônomo, se ficar doente ou se enfrentar um problema de saúde na família, por exemplo, perde a produtividade e passa a ganhar menos. A saída para essas complicações é manter uma reserva em dinheiro aplicado que, recomendam os especialistas, equivalha a pelo menos seis vezes o faturamento mensal médio. Assim, diante de uma adversidade, este profissional não fica descoberto, descapitalizado e numa situação financeira instável. Vai conseguir pagar suas contas, manter os gastos com a família e esperar com mais calma a tempestade passar. Quem não tem essa reserva, corre o risco de precisar recorrer a empréstimos bancários, pedir dinheiro a parentes ou amigos e pior, ficar inadimplente até ser despejado por falta de pagamento.

Outra dica básica dos especialistas, que se enquadra perfeitamente para o dentista autônomo, é separar os recursos financeiros pessoais dos do consultório. Um erro muito comum, quase um clássico dos profissionais da saúde, é misturar tudo num caixa único e nem saber ao certo quanto fatura por semana ou mês. Como agir? Basta olhar o consultório como uma empresa, seja ela legalmente constituída ou não. O dentista tem direito a uma retirada mensal no valor determinado por ele e deve fazê-lo, mas não pode usar os recursos do consultório a seu bel prazer, de maneira irresponsável. O ideal é se dar um salário e guardar num fundo de reserva o que sobrou. Uma empresa, mesmo pequena, tem compromissos fiscais, exige capital para pagamento de contas e para reinvestimento, por isso precisa ser administrada com seriedade. A dica, como já falei neste livro em um momento anterior, é manter os recursos em contas bancárias separadas, uma para o consultório e outra para o dentista. Se, no final do ano, você economizou bastante e houve sobra de recursos, mantenha a regra dos seis meses e, então, poderá se premiar com uma viagem mais caprichada ou trocar o carro antigo por um mais novo ou luxuoso.

Se as contas pessoais não fecham, nada de pegar um vale na conta do consultório, é preciso avaliar os gastos. O cenário sempre se repete, das duas uma: ou estamos ganhando pouco ou estamos gerindo mal o que ganhamos. Se estamos ganhando pouco, a saída é trabalhar mais e gastar menos. Em outras palavras, buscar maneiras de atrair mais trabalho e aumentar a renda, procurar amigos para terceirizar serviços, plantões, parcerias. Vale tudo para ganhar um extra. Se o caso for de má gestão, então pode ser o momento de sentar e rever os gastos – e talvez quanto custaria contratar um profissional que ajude a organizar e manter as contas em dia e de forma mais organizada. Parece que é um investimento caro, mas, na maioria das vezes, essa contratação é justamente a solução dos problemas.

Um bom começo de gestão é ver onde estão os ralos do nosso orçamento, ou seja, onde o dinheiro vai embora sem muito controle. Cada um tem seu próprio ralo, pode ser o cartão de crédito e as compras de roupas e artigos pessoais, ou os programas de lazer, restaurantes, ou até os gastos com algum *hobby* dispendioso. Um ajuste e o orçamento voltará a caber no bolso. Já para casos de profissionais com perfil de gastos descontrolados, especialistas recomendam várias formas de controle: ajuda de um planejador financeiro e apoio de um companheiro ou cônjuge mais organizado e contido (isso mesmo, quem ama cuida!) no controle desses gastos. Saiba identificar seu problema e não tenha medo de pedir ajuda.

O ideal é designar um montante *x* para estes gastos mensais, anotar todas as despesas ou até mesmo criar o hábito de perguntar a si mesmo se precisa daquele item de consumo antes de cada compra. Quase sempre estamos agindo por impulso e adquirindo algo supérfluo que poderia esperar. Em alguns momentos da vida, hábitos mais monásticos nos ajudam a seguir em frente e em maior velocidade. Mais adiante haverá tempo para certos mimos, mas sempre com responsabilidade e planejamento.

Enfim, seja qual for a situação pessoal, o fundamental é gerir o consultório separadamente. O dinheiro do consultório deve receber tratamento sério e planejamento com vistas ao crescimento do negócio, sempre. Matar a galinha dos ovos de ouro não ajudará em nada.

Outro problema financeiro muito abordado pelos consultores financeiros é o endividamento. Todos nós sabemos que é preciso ter coragem para comprar alguns bens de maior valor, tais como uma casa e um carro. E, em todas as situações, o bom planejamento é essencial. Não podemos contrair dívidas que estrangulem o orçamento e muito menos viver na corda bamba do cheque especial. Nos dias de hoje, o crédito é muito mais fácil de ser obtido, com um ou dois cliques, somos capazes de baixar dinheiro na conta corrente e sem verificarmos a taxa de juros que esse empréstimo vai custar. Mas basta fazer as contas para ver que, se pegamos 5 mil reais, por exemplo, pagaremos, na verdade, 10 ou 12 mil reais. Os juros são ainda muito abusivos no Brasil, sempre que possível devemos fugir de empréstimos bancários, a chance de piorar o que parecia ruim é grande.

Desta forma, nada de compras impulsivas, pois o custo é muito alto e não compensa. Às vezes, poupando um pouco a cada mês, em menos tempo do que imaginamos já teremos o dinheiro desejado para comprar o que queremos à vista ou dando uma boa entrada. Um bom exercício do ponto de vista financeiro é traçar metas e olhar adiante. Aonde eu quero chegar em cinco anos? E em dez? E a partir daí pensar em qual rota seguir. Tudo é possível para quem se planeja, se organiza, respeita os limites e dedica um tempo do dia para cuidar das finanças.

Pense sempre que a saúde financeira pessoal é pré-requisito para o sucesso financeiro do consultório. Um não vai existir sem outro.

Análise SWOT – FOFA

Adaptado do inglês, FOFA é o termo aportuguesado para Análise SWOT (*Strengths, Weaknesses, Opportunities* e *Threats*), uma técnica usada no mundo dos negócios para apontar as **forças**, **oportunidades**, **fraquezas** e **ameaças** (FOFA) que cercam um negócio. Aqui vou adaptá-la para a realidade do dentista e ajudá-lo a fazer um diagnóstico do seu negócio e verificar se está inserido em um nicho sustentável do mercado. É bom que se diga que a análise SWOT vale tanto para os negócios quanto para as pessoas, ajudando cada um a encontrar melhor posicionamento no universo profissional. Aliás, é um recurso muito utilizado em programas de *coaching* e extremamente eficiente.

Estudo de caso

Vejamos o exemplo da dentista Rita, uma mulher alegre, jovem e bastante competente. Ela tinha um talento a mais, era boa de conversa, conquistava clientes imediatamente e isso rendia frutos para a clínica. E mais, com seu jeito, logo convencia todos de que o tratamento era necessário e que o paciente estava diante da melhor equipe para atendê-lo. Mas, por outro lado, aos olhos dos colegas de profissão, Rita mais falava que fazia, então caía no descrédito. Ela era capaz de angariar clientes com facilidade, mas como pouco se dedicava aos estudos, não ganhava confiança dos colegas, que, por sua vez, não mais indicavam pacientes.

No exemplo acima, podemos dizer que a força de Rita residia na capacidade de se relacionar imediatamente com as pessoas e vender uma ideia. Ela tinha simpatia e carisma, isso criava muitas oportunidades de conquistar os pacientes porque eles se sentiam rapidamente confortáveis e confiantes com a profissional. Por outro lado, a fraqueza estava em apenas prometer tanto, mas não cumprir, o que tende a decepcionar. A atitude de Rita deixava os colegas da clínica com o pé atrás. Cobravam dela mais estudo e dedicação. E a ameaça viria em breve: sem indicações, Rita começaria a ter o crescimento da carteira de clientes limitado e enfrentaria problemas para manter seu negócio.

A ameaça embute um risco, quase sempre da perda do cliente, por isso é necessário trabalhar as fraquezas para reduzir as ameaças. Muitas vezes a ameaça acontece porque um determinado problema de pós-venda não foi previsto. Por exemplo, um paciente passa por um procedimento cirúrgico complexo às vésperas de um feriado prolongado. O dentista viaja e o paciente tem complicações. O problema está no fato de nenhum colega ter sido contatado para dar atendimento na ausência e não ocorrência de problemas. Ameaça é aquilo que vem de fora e complica a situação. Com o fato de não ter tido atendimento imediato, o paciente pode perder a confiança no dentista e não retornar mais.

Agora é a sua vez! Pegue uma folha de papel em branco e comece a responder às seguintes questões:

Forças

Quais são os diferenciais do meu consultório?
O que fazemos aqui melhor que a concorrência?
Temos algum serviço exclusivo?
Nossos preços são os mais competitivos?
Será que o cliente enxerga os nossos diferenciais?
Como profissional, o que tenho de muito positivo?

Fraquezas

Quais são os pontos fracos do consultório? Ou dos profissionais que aqui atuam?

O que eu posso fazer para reverter esse quadro?

Para as pessoas, o que é inaceitável em termos de consultório ou clínica odontológica?

Quais meus pontos vulneráveis e o que devo fazer para melhorar?

Oportunidades

Quais são as oportunidades que vislumbro hoje no mercado?

Em quais estou inserido ou estou com planos para me inserir?

Quais as novidades promissoras em que não me enquadro?

Existe alguma nova especialidade ou atividade entrante que eu possa estudar?

Posso fazer parcerias comerciais que alavanquem meus rendimentos?

Ameaças

Quais são os obstáculos que encontro para fazer meu consultório crescer?

O que a concorrência anda fazendo?

A profissão está mudando, tenho me mantido atualizado? Como?

Estou com problemas financeiros?

Percebo alguma ameaça séria à saúde do meu consultório ou clínica?

Ao responder a todas essas questões com sinceridade e uma boa dose de reflexão, vai ser possível apontar quais são suas forças, fraquezas, oportunidades e ameaças e buscar caminhos para destacar as forças, minimizar as fraquezas, ampliar as oportunidades e neutralizar as ameaças.

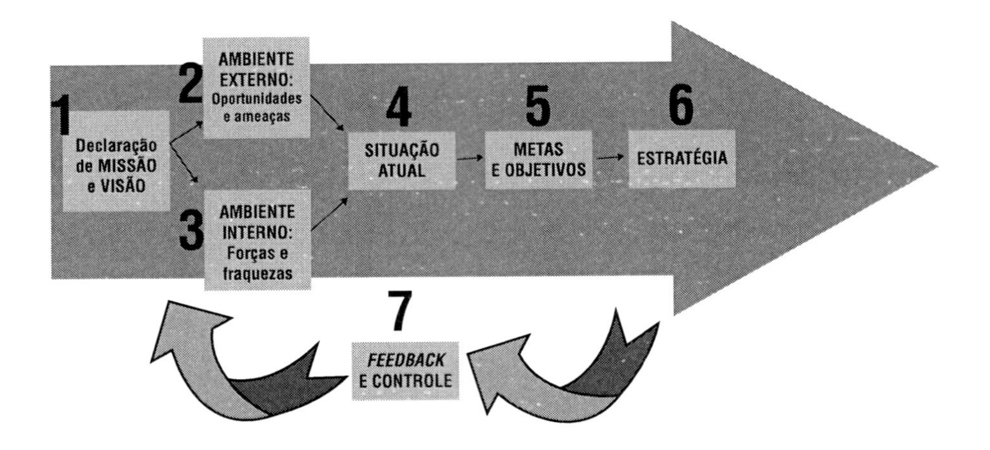

Análise BCG

Os consultores do Boston Group desenvolveram um modelo de análise da rentabilidade dos produtos baseados no potencial que cada um apresentava em crescimento e participação de mercado, mas que adaptarei de forma muito simples para que você apenas entenda como funciona e por que precisamos saber separar os pacientes por perfis para tratá-los de forma diferenciada e melhorar nossa resposta profissional.

Temos quatro tipos de pacientes que podem ser agrupados com os seguintes apelidos: pacientes estrelas (mais rentáveis), vacas leiteiras (fazem a maior parte do faturamento), meninos mimados (classificamos de oportunidades ou interrogação, pois não são rentáveis, mas podem ter potencial no futuro e gerar mais receita, ou se transformar em um "abacaxi") e abacaxis ou cachorros (simbologia mais usada nos Estados Unidos), que geram despesas ou gastos de energia desproporcionais, no sentido negativo.

Os pacientes estrela são aqueles que almejamos e sonhamos ter cada vez em maior número no consultório: são bons pagantes, aprovam os melhores planos de tratamento com bons orçamentos, em geral tratamentos altamente rentáveis; conseguimos entregar serviços de qualidade e temos com eles um bom relacionamento. Pena que nem sempre a carteira se resume a eles...

O importante é saber que deles devemos cuidar com mais apuro e diferencial, para que retornem e indiquem pacientes desse nível e padrão, que é o sinal de prosperidade. A estratégia correta deve sempre estar focada em tentar aumentar ao máximo número possível esse tipo de pacientes.

Os pacientes vaca leiteira são aqueles que formam o grosso do nosso atendimento e garantem nosso ganha-pão, ou melhor, pagam "o leitinho das crianças". É a massa de pacientes comuns que pode vir dos melhores convênios, ou de famílias inteiras que sempre retornam, ou mesmo de um segmento de atuação (escola da vizinhança, empresa próxima).

É importante manter um relacionamento próximo e oferecer cuidados. Mesmo sabendo que individualmente não geram tanto lucro, devemos pensar neles como um todo que é parte imprescindível do negócio, pois os pacientes estrela costumam ser eventuais ou em menor número. Melindrar um paciente desse grupo pode afetar toda uma cadeia de atendimento.

Os pacientes do grupo meninos mimados (que dão trabalho e não sabemos como vão crescer) podem ser representados por aqueles casos trabalhosos ou que não dão lucro (alguns dão até prejuízo), mas mesmo assim pode valer a pena investir neles: ou por terem potencial de crescimento (exemplo: jovens executivos que ainda não têm grande poder de compra, mas, no futuro, se transformarão em excelentes clientes), ou por serem grandes indicadores (pessoas que gratuitamente sempre nos recomendam e trazem sempre pacientes novos), ou mesmo por representarem um caso clínico mais complexo que gera investimento, que pode agregar muito conhecimento e ajudar no desenvolvimento técnico (por exemplo, quando aplicamos uma técnica inovadora que ainda não dominamos completamente num paciente que não poderia arcar com os custos de mercado do novo produto).

Na verdade, esse grupo é um pouco mais arriscado, pois, em alguns casos, pode gerar prejuízo e só posteriormente saberemos se valeu a pena. O ideal é que não se tenham muitos meninos mimados na carteira, para controlar os riscos.

Por fim, temos os abacaxis, que como o nome mesmo já diz, tem espinhos, casca dura e muitos deles são azedos. São aquelas pessoas que se encaixam num perfil problemático e nos desgastam muito durante o atendimento: umas podem ser agressivas e, por muito pouco, fazem escândalo na clínica; outras são as que atrasam sempre ou faltam constantemente, atrapalhando tanto o andamento do dia quanto o próprio tratamento; e há ainda os maus pagadores e alguns parentes abusados. Esses atendimentos nos consomem muita energia e saúde, estragam a rotina e devem ser excluídos da sua carteira sem remorso. Dica: use o recurso de outra especialidade e recomende a outro profissional; é incrível mas muitos pacientes abacaxis se comportam melhor com outros colegas, pois não conseguem abertura para as concessões e abusos. Um dia ruim pode atrapalhar os próximos atendimentos. Não se arrisque por eles!

Diagnóstico

Enfim chegou o momento de fazer um diagnóstico do seu negócio para melhorá-lo, ou um estudo de viabilidade do projeto que pretende executar, no caso de a clínica ou consultório ainda não estar em funcionamento. Só com um bom diagnóstico será possível encontrar falhas e corrigir a rota rumo ao sucesso. É preciso ser crítico, olhar o negócio com os olhos de um bom consultor e deixar as sentimentalidades de lado. Só com uma visão profissional os possíveis erros podem ser detectados e os acertos, valorizados. Se acha que não consegue fazer sozinho, é hora de chamar os consultores especializados em gestão e marketing para guiar seu plano de negócios e acompanhar seu projeto de vida.

Em um diagnóstico, será necessário trabalhar os seguintes itens: mercado, concorrência, posicionamento, foco, *target*, produto, impacto, missão, visão, valores, pessoas, preço, BEP, ponto, evidências físicas, fornecedores, proteção e qualidade de vida, promoção, plano de mídia, canais de venda, marketing de relacionamento, análise PEST, análise SWOT, planejamento estratégico, plano de ação e cronograma. Claro, se você não estabelece prazos para implantar seus objetivos, pode perder-se no caminho. Metas claras, objetivas e com prazo de execução são as atitudes mais profissionais que vão te ajudar.

Comecemos pelo mercado, a primeira providência na hora de montar um negócio, seja em qualquer ramo, inclusive no odontológico, é olhar o mercado. E isso também vale para quem já está inserido nele. Será que a minha clínica encontra espaço nesse mercado? Em uma cidade saturada como São Paulo, será que eu posso crescer com um consultório sem grandes diferenciais na Avenida Angélica? Um forasteiro conseguiria clientela numa cidade pequena do Rio Grande do Sul? E no interior do Ceará: Sobral acolheria mais um consultório de um filho da terra se fosse especialista e tivesse estudo fora? Em Belém do Pará, há mercado para odontogeriatria?

O que o mercado pede? É preciso aguçar a percepção para saber o que ainda tem potencial, em termos de demanda, e realmente pode dar certo. Essa análise ajuda tanto quem pretende montar um novo negócio quanto quem já está no ramo e pretende seguir na mesma direção ou mudar – como transformar uma clínica especializada em estética em multidisciplinar. Sabemos, por exemplo, pelas avaliações dos institutos de pesquisa, que o poder aquisitivo das classes menos favorecidas vem crescendo desde a estabilidade econômica iniciada nos anos 1990, por esse motivo a demanda por clínicas mais populares cresceu. É um dos muitos sinais do mercado.

O segundo passo é olhar a concorrência, um dentista pode achar que montar uma *day clinic* para executivos sem tempo de cuidar dos dentes pode ser um negócio da China. Pode ser mesmo, desde que no mesmo bairro não existam três outros estabelecimentos com o mesmo perfil. Olhar a concorrência é saudável não só para evitar erros como para aprender com os erros dos outros.

Feito isso, é preciso definir como você vai se posicionar. Se a clínica já está instalada, em um bairro de classe média alta, com vários concorrentes nas imediações, você precisa definir o seu posicionamento: como eu vou me diferenciar? Por que o cliente vai preferir a minha clínica e não a do concorrente? Tenho melhor preço, melhor estrutura, uma gama maior de profissionais e gente mais qualificada?

Chego então ao meu foco: qual é? Quero investir em tratamentos estéticos? Posso me concentrar nos pacientes que chegam por convênio, atraídos pela boa localização da clínica e ampla disponibilidade de horários, e investir para conquistar uma boa carteira de clientes? Um profissional sem foco atira para vários lados, mas não vai a lugar nenhum mesmo porque não sabe onde quer ir.

O próximo passo nesse diagnóstico do negócio é definir o público-alvo, o *target*, para quem você quer trabalhar, quem são os seus potenciais clientes. Nunca se esqueça de que sem essa resposta, nenhum plano de marketing pode dar certo. Idade, sexo, profissão e poder aquisitivo são alguns dos indicadores, mas posso ir mais além e avaliar também se quero pegar gente que trabalha nas imediações do consultório, que passam pela calçada onde está instalada a clínica, ou pacientes indicados por outros colegas. Que tipo de público estaria mais de acordo para a clínica ou consultório montado ou que pretendo montar? Perceba que não adianta instalar um consultório em uma rua escura e deserta e querer atrair gente de poder aquisitivo adequado, nem tão pouco montar uma clínica popular em um local mal servido pelo transporte público. Tem que ser no mínimo coerente para dar resultado.

É chegado o momento então de fazer uma avaliação do produto oferecido pela clínica ou consultório odontológico, pois o foco, o público e os diferenciais já foram abordados. Mas o que eu ofereço aos meus clientes? Tratamento especializado de altíssimo nível, todas as especialidades em um só local, qualidade e rapidez? E que impacto isso tem no mercado e no cliente? Aqui é preciso ser verdadeiro para que o diagnóstico realmente aponte aspectos interessantes, não apenas negativos, mas positivos, claro, que o levem cada vez mais para o sucesso.

Passada essa primeira fase da análise, você deve colocar missão, visão e valores do negócio no papel, se ainda não fez. É uma maneira de refletir sobre o que você é hoje em termos empresariais, o que pretende ser daqui a algum tempo e quais são os seus talentos envolvidos nesse processo. Ótimo exercício de reflexão e autocrítica que precisa ser retomado frequentemente e que aqui no diagnóstico vai ajudar a apontar o norte.

O item seguinte é também de fundamental importância: pessoas. Não adianta ter boas ideias se não temos pessoas adequadas e capacitadas para tocar adiante os projetos. Então, uma clínica ou consultório pode enfrentar problemas por não contar com uma boa secretária, com um bom time de profissionais comprometidos com a proposta. Uma *day clinic* conduzida por uma dentista assoberbada de trabalho pode enfrentar dificuldades, precisará de um bom gerente. Deve-se escolher e combinar pessoas de diferentes personalidades para obter o maior rendimento e relacionamento interpessoal produtivo. Analise sua equipe para saber se está bem assessorado.

E seus fornecedores, laboratórios, dentais... estão aptos a atender suas necessidades no prazo, qualidade e preço condizentes com sua expectativa? Você possui mais alternativas ou está refém de um único fornecedor?

O maior risco é ficar defasado e perder o foco. A Odontologia, assim como tantas outras áreas, passou por várias mudanças. Basta conversar com algum profissional que ingressou no mercado há vinte ou trinta anos. Certamente, ele já viu muitas modificações e verá outras enquanto viver. Em tempos de globalização, os paradigmas são voláteis, às vezes o que vale hoje não dura um ano.

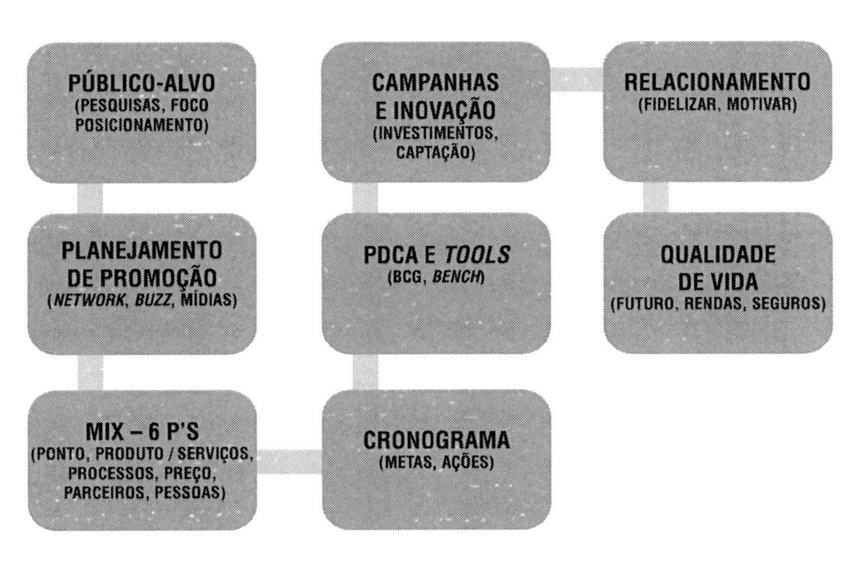

Fluxo de Planejamento, HB

freeimages.com

Plano de ação

Depois de realizado um correto e profundo diagnóstico da sua clínica ou negócio, você tem que propor as ações objetivas. Mas, quando alguém se propõe a um objetivo, como vimos na parte de gestão estratégica – missão, visão e valores –, precisa traçar metas para chegar lá. Nada de contar apenas com a sorte, como já foi dito. E isso requer um plano de ação, para usar um termo do marketing clássico. Em um primeiro momento, ao ter feito um bom diagnóstico, o dentista acertará mais facilmente o foco, saberá qual o seu perfil e assim os parceiros mais adequados e, buscando um posicionamento (ou reposicionamento se estiver errado) no mercado, elege ou ajusta um ponto ideal para oferecer seus serviços. Depois faz promoções, define um preço e começa a construir uma rede que envolve clientes, fornecedores e sua própria equipe. Sempre de olho no pós-venda, isto é, na satisfação do cliente. Estamos falando de uma engrenagem que começa a funcionar, um trem que é colocado nos trilhos e segue viagem, rodando perfeitamente – mas sob o olhar atento do maquinista. Nada pode sair do planejado sob o risco de colocar o negócio a perder, sob o risco do trem descarrilar. Às vezes é preciso rever a rota e mudar o rumo antes que o barco afunde, por isso é tão importante aplicar aquela ferramenta do PDCA, sempre analisar e verificar se o planejamento está atingindo os objetivos ou se é preciso mudar as ferramentas. Ter visão de longo prazo e inovar, adotar novos serviços e se manter competitivo é primordial.

Estudo de caso

Lembra do Luciano? Aquele cuja história foi apresentada no capítulo 2, um caso clássico de alguém que não poderia dar certo, a não ser que virasse o jogo. Luciano tinha tudo para dar errado: era desorganizado, tinha pouca visão de negócio e nenhuma meta profissional. Era parado no tempo. Não acreditava em mudanças e achava que tudo era frescura, muito cético. Poder prestar um serviço diferenciado, ter um consultório apresentável e estudar, eram atitudes jamais pensadas por ele. Porém, o negócio ia mal e, conversando com alguns colegas, ele percebeu que os que tinham procurado uma especialização se deram bem e estavam avançando na carreira. Essas conversas foram um "despertar" para Luciano, que buscou se especializar. Também convencido pelos colegas contratou uma consultoria em marketing e melhorou de vida. Aprendeu a ver o negócio como uma empresa, entendeu a importância do diagnóstico, investiu em treinamentos para si e para a equipe, arrumou os processos e criou uma visão mais crítica. Organizando as finanças, aprendeu a controlar custos e que investir não é gastar, pois sabendo agir, o retorno é certo. A cada dois anos, dá uma paradinha para participar de congressos, se atualizar, rever os colegas, e agora preocupa-se com o ambiente da clínica. Hoje é especializado em estética e é difícil marcar uma hora em seu consultório, que está sempre lotado.

EXERCÍCIO: ANÁLISE DAS FERRAMENTAS ESTRATÉGICAS

	TAREFA
MKT SOCIAL	• O que vou fazer em prol da sociedade, como contribuir com minha comunidade e o que posso receber indiretamente com esse esforço social?
MKT DE RELACIONAMENTO	• Quais as ações de relacionamento mais eficazes no meu cenário para potencializar novos pacientes? • Quais ações são mais indicadas para fidelizar meus pacientes?
PESQUISAS DE SATISFAÇÃO	• Crie uma métrica para monitorar e levantar dados sobre a satisfação dos funcionários, colaboradores e pacientes da clínica.
CLIMA ORGANIZACIONAL	• Como melhorar o ambiente e o clima social de convívio na minha clínica ou empresa? • O que posso fazer para criar um clima mais aconchegante e mais alegre no ambiente de trabalho? • Quais as pessoas reativas que prejudicam o ambiente e como neutralizar essas características?
PARETTO	• Quem são os melhores pacientes, colegas, indicadores, fornecedores da minha clínica? • Como produzir ações de reconhecimento?
BCG	• Separar a atual carteira em 4 grandes grupos e restringir atendimento dos abacaxis, valorizar os vacas leiteiras e priorizar atendimento dos estrelas. Estudar caso a caso os meninos-problema. Descreva ações práticas.

FORÇAS	• Quais os pontos fortes (pessoais e profissionais) a serem valorizados e promovidos para aumentar a visibilidade?
FRAQUEZAS	• Como reduzir e minimizar os pontos negativos (em pessoas e profissionais) do meu negócio? Descreva ações práticas.
ESTRATÉGIA	• Aplicar 5Q (o que, por que, quem, como, quando) em todos os itens acima para melhorar a visão estratégica e o planejamento.

Então vamos lá: passo a passo, faça um detalhado diagnóstico da situação de acordo com os itens e descreva como deve agir em seu plano de ação. E se precisar de ajuda, use as dicas da coluna à direita.

PLANO DE AÇÃO	
MISSÃO	O que eu me proponho a realizar hoje?
VISÃO	Para onde quero ir em cinco, dez anos?
VALORES	Em que pauto meus princípios morais e éticos?
PERFIL	Qual é a minha personalidade e minha análise FOFA?
BRAND	Análise da minha marca: como está minha imagem?
MARKETING PESSOAL	Como me relaciono, como me veem profissionalmente?
POSICIONAMENTO	Definir o que quero fazer e como.
ANÁLISE PEST	Verificar a viabilidade econômica, social e política.
ESTRATÉGIA	O que, quando, quem (ajuda, equipe, parceiros), onde, como.
PÚBLICO-ALVO	Quem é meu cliente, o que deseja? Onde está, quais as características locais?

MODELO DE NEGÓCIO	• Tipo de clínica a ser montada ou modificada: quem fará a gestão e administração?
FINANÇAS	• Investimento, capital de giro, fluxo de gastos. É importante levantar custos fixos e variáveis, prever retirada.
PESQUISA – tempo 1	• Mercado: estudar o potencial do negócio, quais oportunidades me atraem. Análise FOFA da clínica.
BENCHMARKING	• Concorrentes: o que estão fazendo que dá resultado? Comparar colegas bem-sucedidos com meu negócio.
INOVAÇÃO	• Novidades do mercado
NETWORK	• Pensar em pessoas que podem ajudar a me promover: • Colegas de especialidades e afins para indicações em eventos e em grupos sociais que devo me inserir.
PRODUTO/ SERVIÇOS	• O que sei fazer, quais minhas habilidades e especialidades, o que posso oferecer de melhor?
ATUALIZAÇÃO	• Próximos investimentos em cursos técnicos, inovações e novas especialidades.
PONTO	• Localização, acesso, segurança, diferencial competitivo, valor agregado (o que posso oferecer a mais).
EVIDÊNCIAS FISICAS	• Design, decoração, tecnologias, conforto, compatibilidade com público-alvo.
DATABASE MARKETING	• Sistema de dados e informações importantes, como coletar e usar os dados: ficha clínica, cadastro, relacionamento, parte financeira.
PREÇO	• Tabelas de convênios e fluxo de pagamento, negociação dos particulares, meios de pagamento, cobrança.

PROMOÇÃO	• Plano de ação: anúncio, redes sociais, site, folder, papelaria, telefone, mala-direta, verba para mídias, assessoria de imprensa, web, parcerias, indicações cruzadas, grupo de negócios.
PESQUISA – tempo 2	• Checar a satisfação dos meus clientes e motivação dos funcionários, fazer comunicação interna.
AÇÕES DIRETAS DE VENDAS	• Promover a clínica pelas redes sociais, usar e-mail marketing, mala-direta e telemarketing para chamar os inativos. Ver capacidade de conversão (potencial de vendas) dos orçamentos propostos.
PÓS-VENDA	• Relacionamento, mala-direta, e-mail marketing, telemarketing, brinde, aplicativos, newsletter, brindes, usar tudo para medir o retorno, porcentagem de fidelidade.
PROCESSOS	• PDCA constante – monitorar sempre ações e treinamento com a equipe.
PARCEIROS	• Fornecedores principais e alternativos, colegas indicadores.
CRONOGRAMA	• Definir metas, objetivos e colocar prazos de execução. • Ações para próximas semanas, um mês, três meses, seis meses, um ano. Aplicar PDCA e refazer planejamento anual.
PROTEÇÃO	• Seguros pessoais (vida, saúde), profissionais (afastamento, viagens), de equipamentos (proteção roubo, incêndio), plano de previdência e aposentadoria, renda alternativa.
PROGRAMA DE QUALIDADE DE VIDA	• Cuidar do corpo e da mente, promover bem-estar, fazer atividade física, separar opções de lazer, equilibrar as relações com: família, trabalho, saúde e vida social.

Qualidade de vida

freeimages.com

Saúde e bem-estar – O que estamos fazendo com nosso corpo?
Qual a sua expectativa de vida profissional?

Se não cuidarmos muito bem da nossa ferramenta de trabalho, o nosso corpo, em algumas décadas de atividade estaremos com dores na coluna, varizes, surdos e com visão comprometida. Precisando parar antes do imaginado, ou limitados. Quantos anos mais você imagina que vai conseguir trabalhar num ritmo forte? Pensou em quanto precisa ter juntado ou investido para ter uma velhice tranquila ou poder diminuir o ritmo na terceira idade? Se você é jovem, aposto que nem pensa nisso, mas saiba que o tempo passa muito rápido e quanto mais cedo você se organizar para o futuro, maiores as chances de ter uma vida confortável e tranquila.

Para garantir uma boa qualidade de vida, deve-se ter **realização profissional**, mas é preciso estar atento de forma holística ao todo do ser humano. Assim, tão importante quanto amealhar pacientes e conquistar independência financeira para poder fazer as próprias escolhas, também é fundamental cultivar hábitos saudáveis, cuidar bem do corpo, ter uma alimentação equilibrada, promover relacionamentos saudáveis, arrumar um tempo para lazer e vários outros hábitos que façam o indivíduo se sentir bem, que tragam boas consequências, como usar o humor para lidar com situações de estresse, definir objetivos de vida. Fazer *check up* anual. Isso faz com que a pessoa verdadeiramente sinta que tem controle sobre sua própria vida, então é importante que você aprenda a planejar seu futuro e construir sua felicidade a partir de um trinômio: vida pessoal, vida profissional e vida social.

A busca pelo equilíbrio na vida é o que realmente vai direcionar alguém rumo ao sucesso. Um conselho: para que sua carreira não te sufoque, nem ela seja truncada por doenças físicas ou emocionais, ou pior, que não seja uma atividade que você exerça como se fosse uma fuga, um escape para a solidão ou falta de sentido maior na vida, o correto é que a atividade profissional seja exercida com prazer, gere satisfação diária, afinal trabalhar contente produz endorfina e gera prazer. Dinheiro não pode ser o único objetivo, isso certamente vai te frustrar mais a diante. Ao mesmo tempo, sem focar em realizar um bom plano de negócios, estabelecer metas e objetivos, correr atrás dos sonhos e trabalhar com seriedade para prosperar, sua falta de independência financeira vai levá-lo ao martírio da limitação, a sensação de aprisionamento, e com certeza também ficará muito frustrado.

Outro ponto é o ambiente de trabalho. Trabalhar sob estresse constante ou ser um gestor muito rígido, tratando a equipe com rispidez, cria um ambiente tenso, pesado, deixa as pessoas instáveis, perde-se o comprometimento delas e a produtividade certamente cai. Isso provoca o que chamamos de danos psicossomáticos, as pessoas começam a sofrer e se sentirem infelizes, oprimidas. Por isso, use bem nossa principal arma, o sorriso, e promova um ambiente leve, acolhedor, cumprimente, elogie e critique com respeito sempre que necessário. Veja as instalações da clínica, pense num jardim charmoso para descanso (se for uma casa) ou uma copa simpática e divertida para seus funcionários. Estimule entre todos a pratica de atividades físicas, pois o sedentarismo, em geral, adora alimentação desregrada e é uma mola propulsora de doenças como colesterol, hipertensão, diabetes. E dê o exemplo: seguir um líder é muito mais fácil, seja um dentista ativo e saudável.

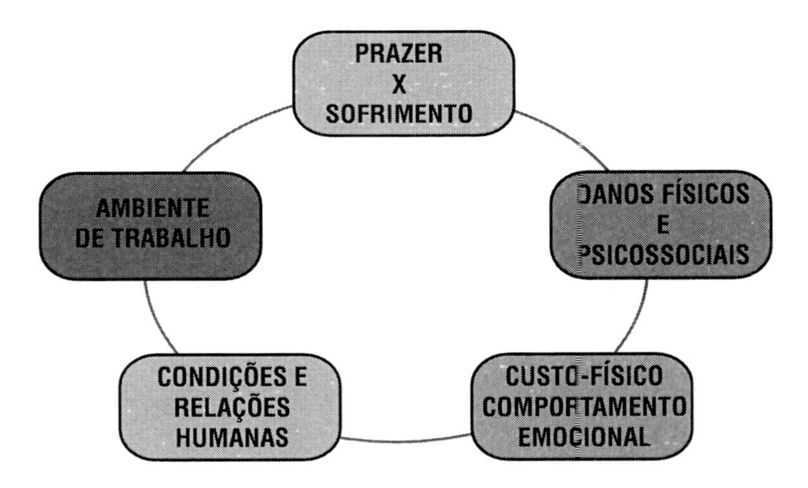

E pense, a partir de agora, num plano alternativo de renda. Se eu não puder mais trabalhar como dentista e clínico, como farei para sobreviver? Tenho plano de previdência, seguros, fiz ou farei um patrimônio para viver de renda, tenho investimentos e aplicações que me dão ou darão tranquilidade, sou sócio em outra atividade, dou aulas, comprei uma franquia, participo de uma atividade paralela? Planeje seu futuro e sempre tenha um "plano B", muitas vezes somos obrigados a acioná-lo para complementar nossos rendimentos.

EXERCÍCIO

Treinando a análise pessoal segundo o modelo da Sociedade Brasileira de Coaching (SBC):

Faça um diagnóstico de seu momento de vida, avalie cada item separadamente e dê uma nota de 0 a 10 (de péssimo ou nulo (0) a extremamente satisfeito (10). Onde a satisfação estiver baixa (notas menores que 5), planeje mudanças e investimentos imediatos para melhorar a qualidade de vida no geral.

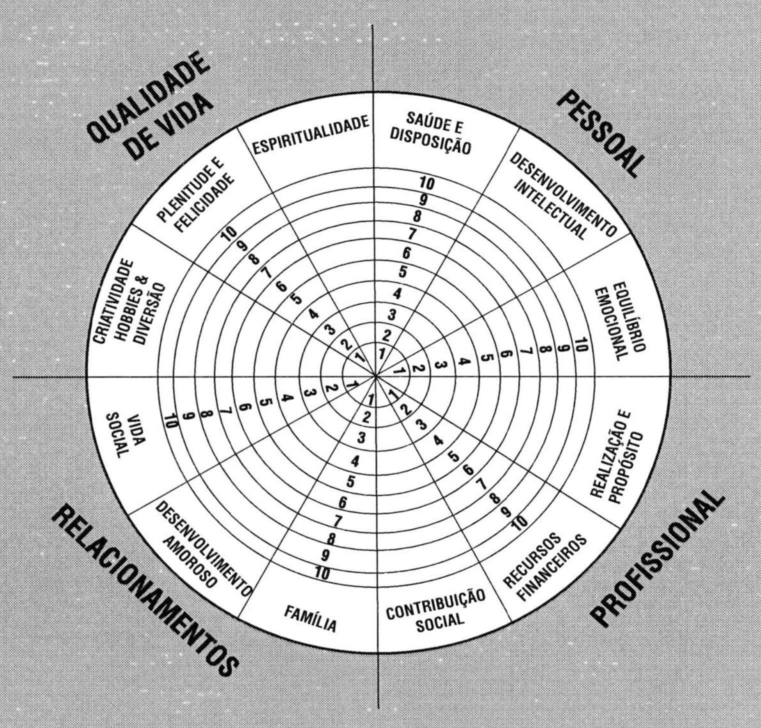

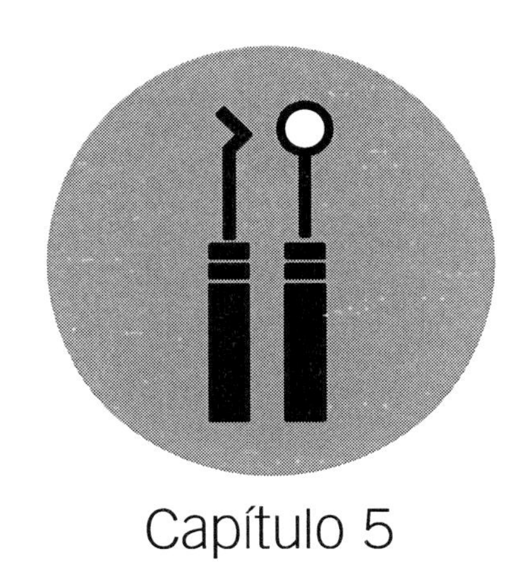

Capítulo 5

Casos de sucesso: em busca do diferencial de cada um

O QUE FAZ UM PROFISSIONAL SER UMA PESSOA DE SUCESSO?

Aqui conto algumas histórias de vida, fascinantes e surpreendentes, de pessoas que começaram do zero e chegaram lá, ao tão almejado sucesso. São exemplos de profissionais vencedores que obtiveram estabilidade e independência financeira e, principalmente, estão satisfeitos. O que você vai aprender com eles é que sucesso é uma palavra bastante ampla, que não tem receita única e varia muito de forma e valor entre as pessoas. De todo modo, alguns itens se sobressaem em todos os depoimentos:

1) Todos têm paixão pelo que fazem e se sentem realizados;

2) Dinheiro nunca foi a prioridade para nenhum deles, mas a consequência natural da realização (e a estabilidade financeira demorou para a maioria);

3) Sem foco e dedicação, nenhum deles acha que teria alcançado o sucesso, todos persistiram correndo atrás do sonho;

4) Nenhum deles acha que valeria a pena ser bem-sucedido sem ter a família por perto;

5) Todos tiveram o "divisor de águas", o momento do conflito e de ter que parar para pensar (ou repensar) e escolher o caminho a seguir;

6) Sempre se espelharam em alguém como mentor ou exemplo a ser seguido;

7) Todos apresentam um certo equilíbrio entre a realização profissional, estar com a família, desfrutar momentos de puro lazer, ter vida social e manter cuidados com a saúde.

★Carla Sarni – Presidente da rede de franquias Sorridents

A trajetória da cirurgiã-dentista presidente da Sorridents (eleita como a melhor franquia no segmento de saúde e bem-estar) já foi contada pelas principais publicações do Brasil, bem como por programas de TV e em sites.

Trata-se da história de vida de uma garotinha, da cidade paulista de Pitangueiras, que, aos 8 anos de idade, foi para a frente de um supermercado com uma caixa de linha de costura, vendeu a mercadoria e comprou sua primeira bicicleta. Aos 16, já na faculdade, vendia roupa e doces para colegas de universidade e professores. Com a renda de suas negociações, mantinha seu curso de Odontologia na Unifenas e ainda ajudava sua mãe, também comerciante de roupa, e o pai, motorista de circular. Em 1994 chegava ao fim o seu período de universitária e "camelô", como era apelidada pelos colegas. Diplomada, foi para São Paulo em busca de seu primeiro emprego. Em poucos meses, passou por duas clínicas, até chegar a uma terceira, que funcionava sobre uma padaria na Vila Cisper, zona leste da capital paulista. Após três meses no novo emprego, recebeu de familiares uma moderna cadeira odontológica. Resolveu pedir as contas para montar o seu próprio consultório dentário. O patrão quis então lhe vender a clínica onde trabalhava, com uma única cadeira a manivela. Encarou o desafio, manteve a antiga cadeira e convidou uma colega de faculdade para trabalhar com ela. Um ano após a sua formatura, nascia a Sorridents.

Na busca de oferecer um trabalho diferenciado para as classes C, D e E, Carla trabalhava de segunda a sábado, personalizava sua atuação e prestação de serviço com qualidade. Com o tempo, implantou em sua clínica todas as especialidades da área odontológica. A ideia era oferecer ao paciente todo o tratamento em um único lugar. Sua clínica era vista por outros profissionais como exemplo. O negócio cresceu tanto que seu marido, Cleber Soares, teve de deixar o exército. Ele cursou Odontologia, pós-graduou-se em administração e foi trabalhar com a esposa. Carla acredita que o seu sucesso e da franquia sejam ancorados por três pontos: determinação (nunca desistir de seus objetivos, por maiores que sejam os obstáculos), compromisso (desenvolver ações que levam à credibilidade; exemplo, nunca desmarcar uma consulta) e paixão e humildade (pelo que se faz e para com as pessoas). Neste último item, ela coloca que a titulação profissional não faz ninguém maior ou melhor do que o outro. E que não é o dentista que presta um favor ao paciente, e sim o contrário, por ter lhe escolhido para tratá-lo.

Força – Adora gente, estar com as pessoas, conviver com pacientes, colegas parceiros, colaboradores e, principalmente, com o marido e com os filhos.

Fraqueza – Foco na gestão administrativa, para isso conta com o marido e equipe executiva para arrumar a casa e viabilizar tantos projetos em sua mente fértil.

Ações de marketing – Fez um primoroso 4 Ps (no P de Pessoas, começou com relacionamento e "boca a boca").

Melhor oportunidade na vida – A parceria na Vila Cisper foi o marco zero da carreira, mas como empreendedora nata que é, sempre está gerando novas oportunidades de negócio e crescimento.

Conselho – Acredite nos seus sonhos, pois é possível realizá-los, desde que eles venham do fundo do coração. Mas é preciso correr atrás.

★Ilíria Salomão Feist – especialista em periodontia

Sem conhecer muito bem o mundo dos dentistas, Ilíria decidiu, no último ano do colegial, fazer Odontologia. Embora estivesse na turma de exatas – a família toda é composta de engenheiros –, decidiu mudar de rumo e abraçar a carreira de dentista, inspirada um pouco no desejo da mãe, que faleceu nesta época. Ela achava que a carreira garantiria à filha maior flexibilidade de horário e uma vida mais tranquila. Não foi bem isso que Ilíria encontrou, e sim muito trabalho e cargas horárias longuíssimas. Não raro chega ao consultório às 8h e sai às 21h. Mas uma coisa deve ser dita: se por um lado a rotina não era o "mar de rosas" vislumbrado por sua mãe, por outro, Ilíria descobriu na Odontologia uma paixão e na vida acadêmica encontrou um caminho a ser seguido.

Aos 17 anos já estava na faculdade e, logo no segundo ano do curso, começou a trabalhar como auxiliar de um dentista. Passou por clínicas voltadas para prótese e uma outra especializada em periodontia, o que logo de cara chamou a sua atenção, e ainda fez trabalhos sociais. Nesta época, ela começava a ganhar experiência e, ao mesmo tempo, definir os próximos passos de sua carreira, fortemente marcada pela presença de mentores bastante conceituados e permeada pela oportunidade de trabalhar com várias pessoas, de diversos estilos. Ilíria lentamente iria incorporando um pouco de cada um até criar seu próprio estilo de trabalho.

Quando estava para concluir o curso, um dos maiores nomes da periodontia estava de volta ao Brasil, Simão Kon, e, por obra do destino, estava precisando de uma assistente. O nome indicado foi de Ilíria e, nove meses depois de formada, ela começou a trabalhar como assistente desse famoso dentista. Doutor Simão foi um grande mestre, treinou a assistente lentamente e paralelamente incentivou Ilíria a seguir carreira acadêmica.

Ela nunca deixaria de estudar, da graduação emendou em estágios, depois ingressou na pós, mestrado, doutorado e obteve a consagração com uma pesquisa sobre *laser*. O reconhecimento pelo trabalho veio com a publicação de um artigo sobre sua pesquisa em uma conceituada revista da Academia Americana de Periodontia. A partir daí, foram congressos internacionais e o início de uma nova fase em sua carreira.

O reconhecimento acadêmico e o fato de ter trabalhado com Simão Kon transformaram Ilíria em uma das referências em periodontia. Por isso, colegas encaminham pacientes e garantem o movimento em seu consultório.

Aliás, por investir muito em uma carreira acadêmica e ter atuado sempre ao lado de outros profissionais, Ilíria demorou a ter seu próprio espaço. "O primeiro orçamento fiz em uma clínica de um colega em São Caetano do Sul, onde atendia durante alguns dias da semana", recorda-se.

Agora, já na casa dos 40 anos, reduziu as atividades acadêmicas e quer se dedicar mais ao consultório. Está ampliando as instalações e planeja introduzir alguns conceitos de marketing para se posicionar melhor no mercado e diante do cliente. E mais, quer ir além da periodontia e está fazendo uma especialização em reabilitação e estética para aumentar ainda mais seus conhecimentos.

Na conquista do cliente, Ilíria sabe que conta com alguns diferenciais. Já na consulta inicial, vai além da boca e procura saber um pouco mais sobre aquela pessoa para lidar de forma mais eficaz, explica o tratamento e procura convencer lentamente a respeito do melhor caminho, especialmente quando o assunto é remoção dos dentes. Mas admite que não faz muito marketing de si mesma. "Sei que peco ainda neste segmento." Seu sucesso é muito fruto da recomendação dos próprios pacientes e colegas de outras especialidades (querem melhor promoção que isso, ser referenciada pelos colegas de profissão?)

Em termos de administração do consultório, controla tudo a pulso de ferro. Nem a árdua tarefa de depositar cheques delega à secretária. Cuida de tudo sozinha e utiliza um pouco do que aprendeu com o pai, exímio administrador. Só gasta quando já tem o dinheiro exato, mantém uma reserva para garantir seis meses de funcionamento da clínica, caso haja algum problema, e é comedida nos gastos pessoais. E segue um conselho também dado pelo pai: faça bem-feito, porque assim vai fazer rápido e, com isso, ganhar dinheiro.

Acaba de comprar sozinha um apartamento novo de alto padrão, fruto de seu esforço, foco e competência no trabalho. Uma conquista e tanto a ser celebrada e admirada por todos. Além de curtir com o marido a casa nova, nos finais de semana sempre que pode foge para o interior para estar com a família e curtir os sobrinhos que ela tanto ama.

O que poucos sabem é que, apesar de contida e séria no trabalho, essa dedicada profissional é um surpreendente ser humano, capaz de atitudes solidárias e altruístas que complementam sua razão de existir (marketing social) e também é muito mais informal e alegre em sua vida social privada. Unanimidade entre os seus amigos, o sorriso largo é sua marca registrada (além de ser uma ferramenta de marketing poderosa), ela conquista admiração, respeito e carinho de todos por onde passa. Um raro exemplo de humildade e competência associados.

Força – Dedicação, exigência, controle administrativo e financeiro.

Fraqueza – Pouca divulgação e promoção de si mesma.

Ações de marketing – Foco no produto (qualidade e atendimento).

Melhor oportunidade na vida – Trabalhar para o renomado Prof. Simão Kon.

Conselho – Trabalhando com preciosismo, você evita perder tempo e dinheiro ajustando as falhas.

★ Edson Iatoshi Sagara – especialista em prótese e implante

A história de Edson Sagara parece tirada daqueles livros de empreendedores de sucesso, gente que sem ajuda financeira consegue fazer história e se tornar um profissional bem-sucedido. Sagara pensou em cursar engenharia no Instituto Tecnológico de Aeronáutica (ITA) até que assistiu a umas palestras e percebeu que aquela área não combinava tanto com ele. Paralelamente, acompanhava o irmão no início da carreira odontológica e percebeu que ali estava o seu futuro. Oriundo de uma família sem muitos recursos financeiros para investir no estudo dos filhos, Sagara ouviu do pai as alternativas: "Passe na USP ou passe na USP", disse ele, se referindo à Universidade de São Paulo. Não havia outra possibilidade de se formar em Odontologia, exceto em uma faculdade pública.

Aprovado no vestibular, Sagara começou a cursar, mas precisava se manter e a veia empreendedora começou a se manifestar: a primeira ideia foi tornar-se representante de uma dental, oferecendo produtos aos colegas. Sagara substituiu um estudante que fazia este papel, mas ia se formar, e pouco a pouco percebeu novas oportunidades, expandindo os "negócios". Ele pesquisava preços, mostrava ao proprietário da dental o que a concorrência oferecia e tornava sua tabela ainda mais competitiva. Era venda garantida. Sagara sentiu que, se tivesse um ponto fixo, os negócios cresceriam ainda mais e negociou com o Diretório Acadêmico um espaço para a instalação de uma máquina de cópias, uma Xerox. O aluguel era pago sob a forma de uma cota do valor obtido com as cópias.

O empreendimento garantiu o dinheiro para os livros, material odontológico e lazer de Sagara durante todo o curso. Quando estava prestes a se formar, repassou o ponto e, com os recursos, montou o primeiro consultório. "Era muito simples e ficava no centro de São Caetano", recorda-se o dentista que hoje ainda atua na região do ABC da Grande São Paulo, mas em uma situação bem diferente.

Pouco depois de iniciar a vida profissional, Sagara entrou em um concurso para disputar uma bolsa de aperfeiçoamento em prótese no Japão, foi aprovado, e viajou para aquele país. O curso mudaria a trajetória do jovem dentista que, na volta ao Brasil, ingressaria no estágio na USP na área de prótese e implantes e permaneceria na instituição por 14 anos, dando aulas e participando dos programas de pós-graduação.

Além disso, a temporada no Japão inspiraria Sagara a construir sua própria clínica e bem diferente dos padrões brasileiros. "No Japão, a tecnologia é muito desenvolvida e aprendi muito, mas fiquei especialmente fascinado com as clínicas, eram enormes e faziam de tudo. Voltei com o sonho de construir uma clínica assim no ABC", lembra ele, trocando logo a palavra sonho por meta, em um retrato bem fiel da determinação que possui.

A partir daí, o desafio era tornar-se um profissional conhecido e juntar os recursos necessários para a clínica. Sagara então pensou que poderia se diferenciar da concorrência oferecendo em São Caetano um plantão odontológico 24 horas, pois isso ainda não existia e os recursos para ser localizado a qualquer hora e em qualquer lugar eram incipientes. Poucos se recordam dos antigos bips que avisavam quando alguém ligava, que era preciso telefonar para a central de atendimento e pegar o recado. Pois Sagara comprou um desses e colocou anúncios nos jornais locais oferecendo atendimento aos fins de semana. Foi um sucesso. Trabalhava como um louco, chegando a dormir duas ou três horas por noite. Não tinha fim de semana e nem tempo para a família, mas, aos poucos, construiu uma carteira de clientes muito interessante. "Descobri que as pessoas com melhor poder aquisitivo, quando percebem um problema odontológico, não querem esperar até a segunda-feira", analisa. E a clínica começou a ser frequentada por uma parcela de clientes pertencente à elite da região, gente que até hoje trata os dentes com Edson Sagara e ainda levou a família inteira para a clínica.

A carga de trabalho era pesada, mas Sagara aproveitou para juntar dinheiro e comprou um terreno, bem no centro de São Caetano, com três casas antigas. Vendeu todos os bens, incluindo a casa onde morava e os carros. Derrubou tudo e ergueu um prédio de três andares, com estrutura para fazer mais um. No térreo, o estacionamento para clientes, no primeiro piso e no segundo, os consultórios e toda a estrutura da clínica. Mas um detalhe fez toda a diferença estratégica: Sagara planejou colocar no primeiro andar outros dentistas que, junto com ele, comporiam uma clínica odontológica completa para o paciente; e o segundo seria ocupado por profissionais de saúde diversos que pagariam um aluguel e usariam toda a estrutura da clínica. O interessante é que Sagara projetou tudo para que o aluguel fosse capaz de manter as despesas básicas da clínica, garantindo o sucesso do projeto.

Daí para frente, o dentista e sua clínica só prosperaram. "Nesse tempo todo eu descobri que o profissional não pode trabalhar sozinho, comecei a chamar os colegas para oferecer todas as especialidades no mesmo lugar aos pacientes", explica o dentista, que percebeu também que investimento em conforto e sofisticação não é o bastante. Tem que oferecer serviço de qualidade.

Recentemente Sagara reduziu a carga de trabalho, deixou a USP, e conta com a mulher, também dentista, para cuidar da parte administrativa da clínica. Reinveste todos os anos parte do que ganha e tem planos para construir mais um andar. Além disso, não descuida de pequenas melhorias, café expresso para os pacientes, escovas de dente, brindes com a marca da clínica, folders e anúncios ajudam seu nome a estar sempre presente.

Força – Determinação e dedicação.

Fraqueza – Pouco tempo para lazer, qualidade de vida reduzida.

Melhor oportunidade na Vida – Viagem e especialização no Japão.

Ações de marketing – Ponto e evidências físicas, processos.

Conselho – Trocar a palavra sonho por META e não esperar para começar uma segunda-feira.

★André Luiz Vilela – diretor-científico da Driller

Se você encontrar o pacato doutor André Vilela no glamouroso *stand* da Driller no CIOSP ou passear com ele no parque industrial de 6 mil metros quadrados onde estão as novas instalações da empresa, dificilmente vai acreditar que tudo começou há pouco mais de 20 anos no fundo do quintal de Sérgio, seu amigo e sócio engenheiro, que acreditou no seu potencial e *comprou* a ideia de montar o primeiro motor nacional de implantes do Brasil.

A história da empresa lhe custou acompanhar de longe o crescimento dos filhos e antes um noivado desfeito, pois, na época, teve que se decidir e escolheu fazer uma longa viagem atendendo a um convite que pareceu irrecusável. Era recém-formado, ele e a noiva tinham juntos um consultório próspero na zona norte de São Paulo, mas ouviu de um colega que havia novidades sobre implantes, inovações de um tal de Brannemark da Suécia, e seguiu para o Rio de Janeiro a fim de ouvir as pesquisas do professor Isaac Horowitz, um estudioso israelense que acabou o convidando para estagiar no Hospital Ichilov, um centro de pesquisas e estudos odontológicos. Foram seis meses lá e mais seis nos Estados Unidos, com muito estudo e muito aprendizado. Voltou repleto de conhecimento no assunto, uma bagagem impressionante para um jovem com poucos anos de formado, e com muita informação inédita sobre implantes e biomateriais. Logo foi convidado para integrar a equipe do professor David Serson e lecionar na UNIP.

Algum tempo depois, coordenava muitos cursos de implantes, inclusive na própria clínica, foi quando conheceu a futura esposa e sócia, que segundo ele fez a diferença com seu perfil arrojado e ambicioso, qualidades que acha fundamentais para um empresário bem-sucedido. Juntaram-se ao amigo engenheiro e assim o visionário doutor André apresentou a ideia do protótipo nacional e mostrou-lhes que o mercado era dominado por produtos importados, que ninguém fabricava no Brasil nem havia assistência técnica para dar manutenção aos motores. Havia uma grande oportunidade. Através dos muitos cursos que ministrava pelo país, tinha a oportunidade de demonstrar o novo motor diretamente aos alunos (potenciais compradores). Como as vendas aconteciam sem intermediários nem representantes, a margem de lucro era significativa. Começou a fazer parcerias com outros professores, e, ao deixar emprestado os motores (sem custo), conseguia promover a marca e ter exclusividade nas vendas. Até hoje essa é uma ferramenta poderosa de promoção e fidelização, pois, além dos alunos utilizarem o produto, contam com o apoio dos próprios professores na recomendação. O famoso "boca a boca" e a táctica do *sampling* (degustação) fizeram da Driller a líder de vendas, hoje com a respeitável sifra de 80% do mercado. Inovando e aperfeiçoando sempre os produtos, em breve lançará em parceria com a Intel um revolucionário produto com dispositivo inteligente, pedal sem fio e comando de voz.

Mas o instinto empreendedor do empresário de sucesso não para, e sabendo que o mercado pode esfriar, André já começou a investir em novos produtos para a área médica e outros nichos de mercado. Recém-separado da mulher e sócia, ele pensa em recomeçar um novo negócio para diversificar e retomar a antiga paixão pela vida: sonhar, acreditar e conquistar o mercado, agora orgulhoso em poder contar com a ajuda dos lindos filhos, um estudante de administração e uma futura engenheira ambiental. Para ele, sucesso é poder mandar na própria vida e fazer as escolhas que quiser, podendo ainda ser útil e ajudar os outros.

Força – Inovação e empreendedorismo, sempre foi atrás das novidades e oportunidades; dedicação.

Fraqueza – Gestão e administração (ainda familiar, mas sente que precisa profissionalizar), pouco cuidado com a saúde (sedentário).

Melhor oportunidade na vida – Ser convidado para ficar em Israel e depois ir aos Estados Unidos para estudar implantes e biomateriais, voltou referenciado e ainda muito jovem. Esse *know how* abriu muitas portas.

Ações de marketing – Promoção via cursos (divulgação da empresa através dos muitos cursos de implante pelo Brasil) e estratégia de empréstimos dos motores para professores com exclusividade nas vendas.

Conselho – Olhar empresarial: esteja sempre atento à sua volta para não perder oportunidades, às vezes o excesso de foco no trabalho pode atrapalhar.

★ Marcelo Calamita – clínica particular e presidente da ABOE

Mesmo sem ter optado pela Odontologia com muita convicção, Marcelo desenvolveu uma carreira marcada pela determinação e pelo planejamento. O que falta para muitos profissionais, em Marcelo havia de sobra: o foco. E fez diferença ao longo dos anos.

Após cursar um ano de Farmácia e Bioquímica, percebeu que estava no caminho errado. As aulas não o motivavam e achou melhor voltar para o cursinho, intensivo desta vez, pois estava decidido a prestar outro vestibular. O mais complicado era escolher entre Odontologia e Medicina, as duas carreiras ainda na área da saúde que mais o atraíam. Acabou optando por ser dentista porque acreditava que nessa profissão teria uma vida mais regrada. Na primeira semana de aulas, adorou. "Os alunos eram muito mais focados e a turma era motivada", recorda-se, quase revivendo a descoberta.

Os anos se passaram e a paixão foi crescendo, assim como a determinação: Marcelo já sabia a área que deveria seguir. Ele tinha gostado de prótese, havia atuado como monitor durante o curso e não escondia a intenção de seguir na USP como estagiário e pós-graduado no futuro. Para colocar tudo isso em prática, no entanto, precisava arrumar um meio de ganhar a vida. Foi aí que decidiu prestar concurso para se tornar dentista da Polícia Militar. Um caminho que poucos pensariam, mas que foi muito bom para Marcelo. Tanto, que ficou na corporação por 11 anos. "Foi ótimo não só para me exercitar e praticar técnicas novas, bem como para me manter e investir", explica. Marcelo conta ainda que, quando surgia uma nova técnica, estudava a fundo e depois queria colocá-la em prática em um paciente. Na Polícia Militar era fácil: "Bastava anunciar no corredor e o pessoal fazia fila", diz de maneira divertida.

Paralelamente, ele investia no consultório e seguia uma máxima que o norteia em todos os aspectos da vida: fazer sempre as coisas certas. A credibilidade do profissional, na visão de Marcelo, vai sendo construída aos poucos, como uma árvore. Em um lento processo, muitas vezes no "boca a boca", e que envolve não só pacientes, mas colegas de outras especialidades. "Isso permitiu que hoje eu me relacionasse com uma equipe de profissionais de altíssimo nível, gente que traz indicações também de bom nível, ou seja, pacientes interessados em serviço de qualidade", explica.

O gosto pelos estudos também o levou para a universidade. Ele foi ser professor em cursos de graduação de Odontologia por um tempo e passou por várias instituições de ensino. Mais tarde, resolveu largar, em uma tentativa de buscar mais qualidade de vida.

Outra coisa que aprendeu com o passar dos anos foi o segredo da comunicação e hoje confessa que dominar a técnica – o que, aliás, faz muito bem porque gosta de estudar muito – não é o bastante. É preciso se comunicar muito bem com o paciente, antes e depois do tratamento, apenas isso motiva as pessoas. Às vezes, a empatia entre dentista e paciente é imediata; em outras situações, requer certo esforço por parte do dentista. Recorda-se do começo da carreira, quando percebeu que a sua capacidade técnica não era tão notada pelos clientes como a habilidade de lidar com as pessoas de uma colega de consultório (a colega por coincidência é a autora deste livro). Tirou daí mais uma lição e foi procurando se aperfeiçoar também neste campo.

Foram anos de dedicação, trabalho e estudo, sempre buscando aperfeiçoamento e alcançar melhores resultados. Casado e com 3 filhos, está conquistando tudo que almejou quando jovem.

Hoje, Marcelo é um renomado profissional da Odontologia, foi presidente por 8 anos da Academia Brasileira de Odontologia Estética (ABOE) e acredita que o sucesso de um profissional só acontece quando é possível erguer um tripé composto de capacidade técnica, boa comunicação e administração eficiente. "Nenhuma empresa vai crescer se você não souber administrar", diz taxativamente. E há formas de aprender isso, ler muito é uma delas. Aliás, é a fórmula encontrada por Marcelo para se manter atualizado em administração, marketing etc. "É uma luta diária em busca do diferencial", finaliza, sem qualquer sinal de cansaço.

Força – Determinação de ir atrás do sonho, foco.

Fraqueza – Dificuldade em comunicação interpessoal melhorada com o tempo, alguns cursos e muitos conselhos.

Melhor oportunidade na vida – Passar no concurso da Polícia Militar deu estabilidade e oportunidade de exercitar técnicas avançadas e estudar a especialidade. E, ao trabalhar no Instituto Keyes-Coachman, teve o primeiro contato com uma odontologia de alto luxo e com marketing agressivo – pensou: "É isso que quero para mim..."

Ações de Marketing – Marketing 360º, com foco em gestão.

Conselho – Nenhuma empresa vai crescer se você não souber administrá-la bem.

★ Claudia Precioso Souza – clínica particular

Claudia é uma dessas mulheres muito especiais, aquele modelo que todos admiram: bonita, competente, prendada, solidária, profissional e realizada. Uma das únicas colegas aqui citadas que se dedicou exclusivamente à vida clinica atuando até hoje em seu consultório como clínica-geral. Apesar de ser especialista em endodontia, investe em constantes cursos de atualização e extensão, atua muito em reabilitação e estética, mas reconhece que ainda recebe muitas indicações de pacientes apenas pela especialidade.

Começou a pagar seu equipo ainda na faculdade, pois, em tempos de inflação galopante, o pai entrou num consórcio para garantir a montagem da clínica da filha quando se formasse na USP, motivo de muito orgulho da família. Claudia foi prosperando de forma gradativa e tradicional; começou humilde, dividindo o consultório com uma amiga; posteriormente mudaram-se para Moema e juntaram-se a mais 2 colegas, e depois de alguns anos veio a irmã caçula, formando hoje uma das maiores clínicas na região, conhecida no bairro como a Clínica das Doutoras (por uma coincidência, possuem apenas profissionais mulheres trabalhando).

Há alguns anos, um grave problema de saúde a afastou por meses do trabalho, então ela viu a necessidade de pensar mais no futuro e investir numa poupança e ter uma renda paralela. Como tudo na sua vida profissional gira em torno da clínica, depois de pensar muito e até cogitar investir fora da área em alguma franquia, resolveu continuar onde se sente bem, comprar a casa ao lado, ampliar as instalações e sublocar os espaços para outros profissionais. Cada uma cuida do seu próprio consultório e tem sua própria assistente, mas dividem as recepcionistas, as despesas gerais de infraestrutura e as ações de marketing para captar pacientes ou oferecer aos que já frequentam a clínica os serviços dos demais profissionais. Sem placas ou letreiros na porta, as dentistas vivem literalmente da chamada propaganda "boca a boca", o *buzz marketing*, e tem dado muito certo.

A simpática doutora Claudia é uma *workaholic*, trabalha como uma formiguinha até tarde todos os dias, mas isso não significa que não sobre um tempo (nem energia) para se encontrar à noite com as amigas no meio da semana e estar sempre programando com o marido e as filhas a próxima viagem de aventura. E claro, participar ativamente de um projeto filantrópico semanal. A Claudia é assim, simples, dedicada, eficiente e irradia sucesso em tudo que faz.

Força – Otimismo e acreditar no que faz, achar que tudo vai dar certo.

Fraqueza – Não priorizar cuidados com a saúde.

Melhor oportunidade na vida – ter apoio financeiro no início da carreira e ganhar o consultório do pai.

Ações de Marketing – *Cross selling* (indicações cruzadas) e *buzz marketing* (boca a boca).

Conselho – Acredite que tudo vai dar certo e celebre suas conquistas sempre!

★ Alenio Mathias Calil – presidente do Grupo SE – CETAO

A herança e veia comerciante desse descendente de armênios, que leva tudo na vida com bom humor e sempre acha uma oportunidade de negócio, ajudou muito no começo da carreira; ele ainda se lembra alegremente do primeiro paciente que se chamava Delício (isso mesmo), era ascensorista do prédio onde estava montando consultório com o irmão médico, e como notou os dentes anteriores dele muito destruídos, ali viu uma grande oportunidade de mostrar seus serviços e se ofereceu para tratar os dentes, prometendo facilitar o pagamento e fazer um precinho camarada. Depois de 4 horas de muito trabalho e empenho, finalizou a restauração e o novo sorriso farto do Delício chamou a atenção de outros funcionários. A secretária do médico em frente, Silvana, ficou impressionada e foi lhe pedir para refazer uma antiga prótese; apesar de pouco experiente, já era monitor da disciplina na faculdade e aceitou o desafio. Em apenas duas semanas no prédio, já acumulava o surpreendente número de dez pacientes em atendimento, fruto das recomendações intensas da Silvana e satisfação do Delício. O sucesso foi tão grande que os próprios médicos e colegas começaram a ser seus pacientes e, no final do primeiro ano de formado, o então famoso doutor Alenio guardava orgulhoso o impressionante número de 250 provisórios de próteses realizadas.

A vida profissional correu muito próspera e em poucos anos já havia conquistado tudo que queria: uma clínica cheia, era professor assistente na USP, estava muito bem casado e com os filhos que tanto sonhara (condição indispensável para felicidade, segundo ele). Tudo corria bem até que um inesperado acidente com sua mão deixou o braço imobilizado por três longos meses, tempo que o deixou vulnerável e fragilizado; então, a partir daí, entendeu a importância de criar algo que não dependesse exclusivamente só dele e gerasse outra fonte de renda. Passando pela avenida Indianópolis, viu uma casa de esquina à venda, seus olhos brilharam e comentou com a esposa que daria um jeito de ter aquela casa para sua escola. Determinado, convenceu o proprietário a aceitar um *flat* como parte do pagamento e num golpe da sorte (ou destino) conseguiu ser sorteado num consórcio de carro exatamente no mês que iniciariam as obras. Com a venda do carro contemplado, conseguiu terminar a reforma da casa e, em menos de três meses, a escola começou suas atividades para se tornar hoje, quinze anos depois, a melhor e mais conhecida escola de pós-graduação em Odontologia na América Latina, o CETAO. Achar os sócios ideais foi também mérito desse grande empreendedor: um trouxe experiência e alunos de cursos que já ministrava, o outro, recém-formado, entrou como investidor e trouxe capital de giro para viabilizar o negócio. Em sua visão, cada fase da vida tem necessidades diferentes. Sempre inquieto e visionário, o doutor Alenio divide a vida em ciclos de dez anos e acha imprescindível que você tenha um planejamento e metas a alcançar nesse período. De nada adiantaria ser um milionário sem a família por perto, ou estar com eles, mas não ter dinheiro para sustentá-los.

Seu próximo sonho é transformar o CETAO no primeiro Hospital Escola de Odontologia do Brasil, e ser referência em hotelaria, conforto e atendimento clínico. Pode apostar, ele vai realizar.

Força – Visionário, personalidade catalisadora, sempre consegue envolver as pessoas em seus projetos.

Fraqueza – Administração financeira e começar os projetos sem o devido lastro financeiro.

Melhor oportunidade na vida – Uma série de presentes: apoio incondicional da mulher, achar os sócios ideais para concretizar seus sonhos e ter sido obrigado a repensar numa alternativa de renda logo no começo da carreira.

Ações de marketing – Foco em pessoas (marketing pessoal e forte relacionamento) e constante inovação no negócio.

Conselho – Em tudo na vida busque o equilíbrio: trabalho, família, lazer e cuidar da saúde são fundamentais para o sucesso.

★Marina Helena Galottini Magalhães – professora titular de Patologia Bucal na FO-USP

Com uma caminhada brilhante diante de uma escolha profissional pela vida acadêmica, a professora doutora Marina é o que eu chamo, de fato, de bem-sucedida, pois além de ser uma sumidade em sua área, ter conquistado independência financeira e possuir uma família adorável, ainda gosta do que faz e influencia as novas gerações, replicando seu amor pela patologia bucal e pela área de pacientes especiais. Se hoje Marina se sente presenteada pela coordenadoria do CAPE FO-USP (Centro de Atendimento a Pacientes Especiais), um centro referência de atendimento odontológico a pessoas comprometidas sistemicamente, também denominadas de pacientes especiais, e nos orgulha como colegas viajando pelo mundo a convite das maiores universidades para apresentar suas pesquisas e avanços, o começo foi quase que despretensioso. Em dúvida entre as disciplinas de semio e a patologia, o destino fez com que contatasse primeiramente o professor Ney Soares Araujo, renomado pesquisador e titular na época, que na entrevista encantou e a seduziu para o mundo da patologia bucal, onde começou a monitoria para não parar nunca mais.

Apesar de ter sido contratada assim que se formou, ela também tinha consultório e precisou de um afastamento não remunerado de dois anos quando as filhas nasceram para ter certeza do que queria para sua vida:

dedicação total à vida acadêmica ou focar no atendimento clínico. Sofreu muita pressão de amigos, colegas e parentes para se consolidar como dentista clínica, pois as perspectivas financeiras eram muito maiores. Mas o ideal falou mais alto, ela sentiu saudades da universidade, dos alunos, da paixão por pesquisas e da possibilidade de fazer a diferença na vida das pessoas com suas descobertas científicas. E nessa decisão o apoio do marido, namorado desde os tempos de colégio, foi fundamental: "Se é o que você gosta, volte para a USP e faça, sem medo". Ela voltou e não se arrependeu mais.

Dentre as vantagens dessa escolha, ela menciona o privilégio de trabalhar no campus Butantã, cheio de árvores, jovens e ideais. Além disso, não pode deixar de citar a estabilidade do emprego, a possibilidade de ter reconhecimento e recompensas mensuráveis pelo seu trabalho através de prêmios, publicações, retorno dos alunos e ex-alunos. Reconhece que não é fácil a vida e política acadêmicas; muitas vezes se sente frustrada em querer mudanças e não conseguir o comprometimento das pessoas, mas ainda assim, acha que fez a escolha certa e sente-se plenamente realizada.

Quando eu pergunto o que é sucesso, a brilhante doutora Marina me responde que é poder conciliar segurança financeira com trabalhar no que se ama e sentir-se útil na sociedade, conseguindo ter em paralelo uma vida pessoal com qualidade (ser mulher, mãe, filha, amiga, fazer esportes, desfrutar de viagens). Alguém discorda?

EXERCÍCIO

Conte sua história e crie sua linha do sucesso.

GRADUAÇÃO FORMAÇÃO ESTUDOS	MOTIVAÇÃO CONQUISTAS JÁ ALCANÇADAS	METAS DESAFIOS A SEREM SUPERADOS
PERFIL PERSONALIDADE MERCADO ATUANTE	SONHOS COMO PRETENDE CHEGAR LÁ	APOIO QUEM ESTÁ COM VOCÊ NA CAMINHADA
SWOT – TROPEÇOS (IMPORTANTE COMO APRENDIZADO)	SONHOS LISTAR E BUSCAR	PROJETAR NO *TEMPO* SEU IDEAL DE VIDA

Conclusão

O principal objetivo deste livro era provar que o marketing não é somente propaganda, mas sim uma inteligência de negócio, com ferramentas objetivas e aplicáveis na área de saúde e, em paralelo, dar um alento, mostrar aos colegas um caminho mais otimista frente ao cenário desanimador que a Odontologia está passando atualmente. O marketing corretamente utilizado é importante e pode ser de grande ajuda no nosso caminho profissional. Importante também foi destacar que ele não será a solução de ninguém se olhado de forma isolada, pois o que chamo de visão holística e programa de qualidade de vida terão impacto direto nas escolhas e resultados alcançados. A ideia era mostrar com relato de casos e histórias reais que qualquer um pode mudar o cenário a qualquer momento e que todas as ferramentas de marketing são facilmente aplicáveis no dia a dia dos dentistas.

Ao sinalizar a grande quantidade de recursos disponíveis para estimular e auxiliar o jovem profissional a se orientar bem, e aos mais experientes a não desanimarem (tentar ajustar a rota, reencontrar o caminho do sucesso se ele estiver perdido), quis dar a minha contribuição como dentista, colega, profissional de marketing, *personal coach* e ser humano.

Espero ter cumprido a minha missão e ajudado, de fato, você a se reorganizar, entender a importância de cuidar de sua própria imagem, dos relacionamentos e utilizar as ferramentas de marketing para potencializar os resultados em sua carreira.

Boa sorte a todos os colegas dentistas!

Bibliografia

BORGES, Heloísa R. *Marketing e Saúde – 11 Ps*: Avaliação de um protocolo de ferramentas e técnicas de marketing aplicado à consultórios odontológicos. Dissertação de Mestrado FO-USP, 2011. Disponível em: <http://www.teses.usp.br/teses/disponiveis/23/23148/tde-18062011-102824/pt-br.php>. Acesso em: dez. 2014.

COBRA, Marcos. *Marketing básico*: uma perspectiva brasileira. São Paulo: Atlas, 2009

DRUCKER, Peter F. *Parcerias:* fundamentos e benefícios para o Terceiro Setor. São Paulo: Futura, 2001.

JORDAN, Hugues; NEVES, João C. das; RODRIGUES, José A. *O controle da gestão:* ao serviço da estratégia e dos gestores. 8. ed, Lisboa: Áreas Editora, 2008.

KOTLER, Philip; KELLER, Kevin L. *Administração de marketing*: a bíblia do marketing. 12. ed. São Paulo: Pearson Prentice Hall Ed, 2005.

KOTLER, Philip. *Administração de marketing*: análise, planejamento, implementação e controle. 5.ed. São Paulo: Atlas, 1998.

KOTLER, Philip. *Marketing para o século XXI*: como criar, conquistar e dominar mercados. São Paulo: Ediouro, 2009.

LOVELOCK, C. H.; WEINBERG, C. B. *Public and Nonprofit Marketing*. Redwood City, The Scientific Press, 1989.

MORITA, M.C.; HADDAD, A.E.; ARAÚJO, M.E. *Perfil atual e tendências do cirurgião-dentista brasileiro*. Maringá: Dental Press, 2010.

MELO NETO, Francisco P. de, FROES, César. *Gestão da responsabilidade social corporativa*: o caso brasileiro – da filantropia tradicional à filantropia do alto rendimento e ao empreendedorismo social. Rio de Janeiro: Qualitymark, 2001.

OLIVEIRA, Djalma de P. R. de. *Planejamento estratégico*: conceitos, metodologia, práticas. São Paulo: Atlas, 2007.

PORTER, Michael E. *Estratégia Competitiva*: Técnicas para análise de indústrias e da concorrência. Rio de Janeiro: Campos Editora, 2005.

POSER, Denise von. *Marketing de relacionamento*: maior lucratividade para empresas vencedoras. São Paulo: Editora Manole, 2010.

RAPP, Stan. *Redefinindo marketing direto interativo na era digital*: como aplicar com sucesso conceitos de marketing iDireto e iBranding em seu plano de marketing. São Paulo: M Books, 2011.

RISSATO, Marcelo. *O cliente por um fio*: o que você precisa saber sobre marketing e call center. São Paulo: Nobel Editora, 2004.

SAGUCHI, Luiz T. *Gestão empresarial*: iniciando a excelência organizacional nas pequenas e grandes empresas. São Paulo: Navegar Editora, 2004.

STONE, Bob. *Marketing direto*. São Paulo: Nobel, 1992.

SOUZA, Francisco A. M. de. *Marketing trends 2011*: as mais importantes tendências do marketing para os próximos anos. São Paulo: M Book, 2011.

TOMAZ, Plínio A. R. *Marketing para dentistas*: orientações ao consultório--empresa. 5. ed. São Paulo: Navegar Editora, 2011.

Todas as convenções da OMS podem ser encontradas no portal da ANVI-SA conforme link do site:

portal.anvisa.gov.br

Todos os dados estatísticos do CFO estão disponíveis no portal da entidade:

www.cfo.org.br

Contato com a autora
hborges@editoraevora.com.br

Este livro foi impresso pela Intergraf em papel *Lux Cream* 70 g.